이동시 총서 1

work
rk
——
ro
om

이동시 엮음 / 정혜윤, 김한민, 김산하, 이슬아, 정세랑, 김탁환,
홍은전, 유계영, 요조, 이라영, 정다연, 단지앙, 최용석, 초식마녀,
양다솔, 강하라, 심채윤, 현희진, 이내, 김하나, 이수현, 남형도,
서민, 김도희, 김보영, 김남시, 이지연, 오은, 유경근, 서효인,
유희경, 김경환, 김연수, 김숨, 손아람 지음

이동시 첫 번째 출판물 『절멸』 서문

처음부터 없던 것이 있고, 있다가 없어지는 것이 있다. 처음부터
없던 것은 그게 무엇인지 알 수 없기에 사실 없음을 논하는 것조차
무의미하다. 의미는 있는 것에서 찾아야 한다. 너무나 당연한
이치인데도 우리는 그것을 쉽게 잊는 정도가 아니라 매일 잊는다.
그래서 정작 그것이 있을 당시에는 웬만해서는 자각이나 환기도 되지
않는다. 언제나 있음이 끝나고 없음밖에 남지 않았을 때, 그때서야
우리는 겨우 부리나케 의미를 떠올리고 곱씹는다. 물론 그마저도
늦게나마 하기라도 하면 다행이다. 무뎌지는 것이 대세인 세상에서.

한 번쯤은 누구든지 상상해 본다. 내가 죽으면 어떻게 될까? 물론
여기서 궁금한 것은 내 죽음의 효과이다. 과연 빈자리라는 것이
정말로 생기는지, 내 죽음이 누구에게 어떤 영향을 미치는지. 나의
사라짐 자체보단 사람들이 슬퍼하는지 아닌지가 관건인 것이다.
그래서 몸은 죽었어도 영혼은 몰래 세상을 떠돌면서 사람들을
관찰하고 싶은 상상이 발동한다. 가끔은 꿈이라는 극장에 상상한
장면들을 상영하기도 한다. 마치 사라져야지만 비로소 존재의 베일이
벗겨지면서 가려졌던 의미가 드러나기라도 하듯이 말이다.

없어져 봐야지만 소중함을 깨닫는 게 가장 바보라고 했다. 바꿔
말하면 있을 때에 집중하는 것이 현명하다. 특히 있고 없고 간의
차이가 큰 생명일 경우 더욱 그렇다. 생명의 가장 핵심적인 특징은
고유하다는 것이다. 지구상에 단 한 번밖에 나오지 않을 유전형과
표현형의 조합이기에, 그 개성의 총체는 죽었다 깨어나도 다시

창조되지 않는다. 그래서 대체 불가능하다. 이 유일무이한 독특함이 죽음의 비가역성이 갖는 실질적인 의미이다.

그런데 그런 고유함이 하나, 둘도 아니고 집단적으로 한꺼번에 없어진다면? 그것을 감당할 수 있을까? 갑작스런 정전으로 삽시간에 주위가 어두워지듯, 세상에 둘도 없는 존재들의 등불이 사방에서 꺼지는 것을 보면서 추스르는 시늉이라도 내는 것이 가능할까? 전쟁이나 재해가 그토록 참혹하고 고통스런 것은 이런 존재의 꺼짐이 너무 많이, 너무 한꺼번에 벌어지기 때문이다. 바로 지금, 명실공히 절멸의 시대인 오늘날처럼.

멸종의 소식이 매일 들리는 시대에 산다고 해서 그것을 그냥 지나치지 말라. 왜냐하면 지구 역사상 그 어느 때에도 이 정도였던 적은 없었으니까. 이것의 의미와 중요성이 잘 와닿지 않는다면 그것은 우리의 인지 능력과 감각 기관의 한계와 무능 덕분이지 결코 사태의 심각성이 낮기 때문이 아니다. 그리고 만약 자연스럽게 되지 않으면 의식적으로라도 되새겨야 하는 이유가 또 한 가지 있다. 바로 이 글을 읽는 우리 모두는 인간이기 때문이다.

지금까지 지구 역사상 일어났던 대멸종 중 어느 한 종이 그것을 일으킨 적은 단 한 번도 없었다. 자연의 구성원 중 하나가 생명계 전체를 뒤집어 놓는다는 건 상상조차 불가능한 것이었다. 한때 우점하고 창궐한 생물은 있었지만 이렇게까지 고삐 풀린 채로 증식하지도 않았고, 다른 모든 생물이 살 공간과 가능성마저 말살하거나 자신의 독점적 체제 내로 복속시키지도 않았다. 한마디로 하나의 생물이 전 지구적 재앙이 된 적은 없었던 것이다. 한편으론 너무나 당연한 말처럼 들리는 이 사실을 곱씹어 보면, 우리가 맞이한

'인류세적' 현실이 새삼 충격적이다.

이 모든 것을 일으킨 주역의 일원으로서 우리는 멸종이 무엇인지 아무런 감이 없다. 어느 날 내 집은 물론, 동네 아니 도시 전체가 홀라당 날아가 버린 경험을 과연 우리 중 몇이나 했겠는가? 아직 생존한 전쟁 세대 몇 분 정도나 있을까. 사실 그조차 딱 맞는 경험도 아니다. 세상이 파괴되는 것도 모자라, 아무리 다니고 다녀도 사람 한 명 보지 못한다는 것. 아무리 목이 터져라 불러도 아무도 대답하지 않고, 지독하게 절대적인 고독함에 치를 떨다 쓸쓸히 마감하는 것. 이것이 멸종이다.

인터넷 잠깐 끊기는 것도 못 견디는 현대인에게 이런 장엄한 비극이 와닿지 않는 건 어쩌면 당연하리라. 하지만 그렇다고 벌어지지 않고 있는 것은 아니다. 먹구름 낀 하늘에서 우수수 쏟아지는 우박처럼, 수백만 년 이상의 기나긴 세월을 거쳐온 여행자들이 거의 한날한시에 모두 곤두박질치고 있는 것이다.

사라지고 있는 것은 대체 무엇인가? 바로 시이다. 살아 있는 움직이는 시. 파고 파내도 끝이 없는 이야기. 이야기와 동물과 시이다. 세 가지 단어이지만, 하나라고 볼 수도 있다. 동물이야말로 가장 생태적으로 함축적인 존재이기 때문이다. 그리고 살아 있는 일 분, 일 초마다 이야기가 피어나오기 때문이다.

동물은 생태적 시

넓은 바다와 대지를 누비며
널린 세상의 것들 중 극히 일부를
선택적으로 골라, 먹어, 자기 자신으로 체화하는 존재
그렇기 때문에 동물은 그 한 몸으로 그 서식지를 함축한다.
동물은 그 서식지에 대한 시적 표현이다.
쓰레기로 가득 찬 서식지라도 말이다.
그래서 동물은 시
한 몸으로 보여주는
생태적 시.

절멸. 그보다 더 참담한 현상은 없다. 세상의 모든 가치와 소중함을
대신하여 절멸을 반드시 막아야 한다. 첫 번째 이동시 총서『절멸』은
그것을 위한 몇 가지 노력의 기록이다. 이로 인해 보다 많은 사람들과
동지가 되기를 희망한다.

　　2021년 3월
　　김산하

차례

서문

절멸

1부에 실린 절멸 선언문과 동물들의 시국 선언은 2020년 8월 20일
세종문화회관 야외 계단에서 낭독되었다. 도래할 '질병X의 시대'를
맞아 당장 필요한 변화와 행동을 촉구한 이 퍼포먼스에서 30여
명의 작가, 예술가, 시인, 활동가 들은 제각기 다른 동물이 되어
절멸을 맞는 발언을 하고 그 자리에서 쓰러진다. 코로나19 방역 동참
차원에서 저마다 다른 시각, 정해진 위치에서 홀로 선언을 낭독했다.
앞 면지에 실린 사진은 이를 합성한 것이다.

절멸 선언문

우리 동물들은 평소에 그 누구보다 우아하지만
당신들 수준으로, 즉 인간의 사전에서 정의하는 '동물처럼' 말하겠다.

절멸 선언!

현대 인류의 구성원 한 명 한 명은 절멸의 재료이고
현대 인류의 운영 체제는 절멸의 레시피다.
지금처럼만 해라. 절멸의 성찬이 완성되리라.

지구의 동물 열 중 넷이 당신들, 징글징글한 인간이다.
열 중 여섯은 당신들이 키우는, 항생제/똥 범벅 살코기-수용소의
　　　　포로들,
사는 게 사는 게 아닌, 당신들에게 영혼을 탈탈 털린 좀비 가축들,
나머지 쥐꼬리만큼의 야생 동물들은 불가촉천민처럼 쫓겨 다닌다.

그것도 모자라 당신들은, 우리의 후미진 피난처까지 기어이 쫓아와
우리 집인 숲을 불태우고 약탈하다가 꼴좋게 바이러스에 걸렸다.
그래도 안 멈추다가 더 큰 것에 걸렸다. 그래도 안 멈추다가 더 큰 것에
　　　　걸릴 것이다….
팬데믹? 인간 씨, 농담도 잘하시네!
1760년부터 당신들이 팬데믹이었다.

살아 있는 모든 건 언젠가는 죽는다.

죽지 않는 건 암세포와 좀비뿐. 인간이 품는 욕심마다 지구의 암으로
　　번지고
인간이 건드리는 동물마다 좀비로 변한다.
이래도 인간이 바이러스가 아니란 말인가?

살아 있는 모든 건 팽창하고 수축한다.
세계 전체가 수축기에 들어선 건 우리도 아는데, 당신들만 인정을 안
　　하고 있다.
당신들의 고질병-성장 신화 때문에.
당신들은 신화도 참 많지. 단백질 신화도 그중 하나지.
단백질에 환장해 동물을 게걸스럽게 먹어대더니, 단백질 과잉으로
　　암에 걸려 슬퍼하는 꼴이라니!

인간들… 코로나 때문에 한 명만 죽어도 호들갑을 떨면서, 우린 수천만
　　마리 땅에 묻고 손을 탁탁 털더라!
당신들… 자기 새끼는 끔찍이 아끼면서 남의 새끼는 끔찍하게도
　　죽이더라!
자기 것도 아닌 우유를 빼앗으러 송아지와 엄마를 갈라놓더라!

동물의 모성애는 본능이라고 평가 절하하는 당신들은
그 고매한 자식 사랑으로 무얼 했는가.
우리 눈엔 아이들의 미래를 망칠 작정이라도 한 것만 같다.
그게 아니라면, 어찌 미래의 하늘에 그토록 탄소를 뿜고
미래의 땅에 그토록 분뇨 폐수와 살처분 시체를 묻고
미래의 숲을 그토록 초토화시키고
미래의 바다를 플라스틱으로 가득 채우는가?
자식 사랑? 말짱 위선이다.

단언하건대, 절실한 생태주의자가 아닌 모든 부모에게 자식 사랑은
　　거짓말이다.
모든 동물의 운명을 걸고 내기해도 좋다.

운명!
우리의 갈 길은 정해졌다.
절멸의 절벽을 향한 고속 질주다.
우리의 공포는 멸종이 아니라 절멸이다.
종으로 묶어놓고 '관리'하는 장난은 당신들이나 쳐라.
멸종 위기 동물을 구하자? 일없다.
이 판국에 종 유지가 무슨 의미인가.
번영하지 못하는 생명은 이미 절멸을 맞이한 것인데,
경우 멸종만 면하게 해주면 고마워할 줄 알았는가?
당신들의 링거 주사에 의지해 구차하게 연명할 생각 없다.
과학의 품 따위 단칼에 거절하고 희생한 마지막 바키타돌고래
　　열사처럼
우린 죽을 때 죽더라도 동물로서 죽을 것이며
절멸의 그날까지 탈주하고 투쟁할 것이다.

당신들이 오랑우탄과 코알라와 북극곰을 말살시키면
우리는 사막메뚜기와 뇌염모기를 보낼 것이고,
박쥐들은 바이러스를 흘릴 것이며
그렇게 서로가 서로를 잃어갈 것이다.

자, 이제 죽을 시간이다. 저기 인간들이, 우리 등골을 빨아먹고 가죽을
　　뜨러 쫓아온다.
가는 마당에 유언을 남기겠다. 잘 새겨들어라.

하나, 동물이 최대의 피해자이자 취약 계층임을 인정하라. 동물
　　　 앞에서 약자인 척하지 말라.

둘, 서식지 파괴를 중단하라 #동물과거리두기

셋, 세 가지 마약을 끊어라. 탈성장, 탈개발, 탈육식!

넷, 기후 위기를 진짜 위기처럼 대하라.

다섯, 우리 조상들의 화석은 연료가 아니니 도굴을 삼가라.

여섯, 사람 중심이란 말은 더 이상 아름답지 않다. 사람은 너무 많다.

일곱, 당신들이 이룬 모든 건 '값싼 자연' 덕분이었다. 이젠 제값을
　　　 치르라.

여덟, 지속 가능성 말고, 가능성의 지속을 추구하라.

아홉, 썩지 않는 물건 그만 좀 써라. 당신들은 어쩌자고 영혼만
　　　 썩어가냐?

열, 앞으로 동물한테 경어체를 써라.

자, 우리는 간다. 당신들보다 먼저 간다.

　　 서기 2020년 8월 20일
　　 동물 임시 연대

342

박쥐 X 정혜윤

나 정혜윤은 오늘 박쥐로서 말한다.

나는 니파, 사스, 코로나 바이러스의 원인으로 지목되었고 혐오의 대상이 되었다. 그러나 나는 5000만 년 전에 지금 이 모습이 되었다. 내가 인간에게 다가간 것이 아니라 인간들이 나에게로 왔다. 그 뒤로 많은 것이 파괴되었다. 나는 서식지에 애정이 있었다. 고향을 떠날 때마다 마지막으로 한 번 돌아보지 않기란 힘들었다.

하지만 지금 나를 괴롭히는 것은 내가 혐오의 대상이라는 사실이 아니다. 니파 바이러스 때는 110만 마리의 돼지가 사살되었다. 사스 때는 사향고양이가 끓는 물에 던져졌다. 코로나 때는 밍크와 천산갑이 죽임을 당했다.

나는 돼지와 사향고양이와 천산갑과 밍크를 통해 세상을 이해했다. 인간은 죽을힘을 다해 사는 것이 아니라 죽인 힘으로 산다. 인간은 책임 전가의 왕이다.
나는 인간의 눈에는 혐오의 대상일 뿐이지만 내가
무엇에 대해 책임져야 할지는 내가 결정한다.

며칠 전 새벽 나는 내 종족들의 곁을 떠나왔다.
철새들이 길을 찾는 북극성을 바라보았다. 나 역시
길을 잃기를 바라지 않고 올바른 길을 가길 바란다.
나는 내 본성을 거슬러 환한 대낮에 여기에 있다.

내가 하고 싶은 말은 이것이다. 나는 죽는다. 그러나
돼지와 사향고양이와 천산갑과 밍크 그리고 다른 동물
누구도 더는 건드리지 말라!

천산갑 X 김한민

저는 김한민이고 오늘 천산갑으로서 말씀드립니다.

저는 세계에서 가장 많이 밀렵되는 존재입니다. 매년 10만 마리 이상, 최근엔 100만 마리씩 잡히고, 팔리고, 먹힙니다. 인신매매보다 심각한 '천신매매'죠.

과학자들은 우리가 코로나를 옮겼답니다. '중간 숙주'라나요. 저라고 알 리가 있겠습니까? 확실한 건 이겁니다. 우리 천산갑이야말로 진짜 피해자입니다.

나무 구멍에 조용히 사는 우리를 끌어내리고 집에 연기를 피우고 숲을 베고… 소문에 의하면 제 살은 정력에 좋고 제 비늘은 용한 약재랍니다. 제 비늘은 말이죠, 여러분 머리카락과 같은 성분이에요. 말도 안 되는 미신입니다. 듣자 하니 코로나에 좋다고 저희를 잡아먹기도 한다는데… 정말 짐승처럼 무식하지 않습니까!

사실 저희 천산갑들은 분노라는 감정을 모르고
태어났습니다. 인간을 극도로 증오해도 모자랄
텐데 말이죠. 하지만 호기심은 많습니다. 하나만
알고 죽읍시다. 이렇게까지 어리석고 무지한 게
인간이라면, 대체 짐승이라는 말은 왜 필요한 걸까요?

멧돼지 X 김산하

나 김산하는 이 순간 멧돼지로서 말합니다.

인간들에게 물어보니 저를 가지고 한자도
만들었다더군요. '멧돼지 저' 자라고 하는데 가령
저돌적이다는 말을 할 때 쓰인답니다. 언제 봤다고
그렇게 쓰는지 모르겠는데 그게 영 불만스런 건
아닙니다.

불만이 하나 있다면 이런 정도이죠. 호랑이나 표범,
늑대가 없다는 것이요. 놀라셨죠? 원래 저희를
잡아먹던 동물들이 없다고 말하는 거니까요. 그리고
그 무서운 포식자들을 없애는 데 가장 큰 공을 세운
바로 여러분 인간들한테 이런 말을 한다는 것이
말입니다.

그 이유는 차라리 그들이 여전히 있어서, 그들의
영향력 아래에서 적당히 조절당하고 사는 게 훨씬
좋다는, 아니 그게 너무나 그립기 때문입니다.

한반도는 물론 아시아에는 있지도 않았던
아프리카돼지열병을 사람들이 옮겨와서 호되게 당한
건 우리인데, 그 원흉이 우리인 것처럼 전국에서 숲을
들쑤시며 쏴 죽이니 말입니다. 안 그래도 이 병이
없을 때에도 우리의 수를 '조절'한다며 매년 사냥꾼을
보냈었는데. 우리는 어쩌다 사람 사는 데로 내려가면
그 난리를 치고 말이죠.

이러니 호랑이를 그리워하는 지경에 이르렀답니다.
뭐, 이해가 되시나요?

돼지 X 이슬아

나 이슬아는 오늘 이 순간 돼지로서 말한다.

나에게서 새로운 병이 발견되었다고 한다.

이 병은 나를 통해 왔지만 내가 만든 병이 아니며
나에게서 시작된 병도 아니다.

아주 여러 명의 당신들이 힘을 모아 만든 병이다.

당신들이 구축한 세계에서 수천만 마리의 내가 산다.

병들지 않을 수 없는 곳에, 병들지 않을 수 없는
방식으로.

나는 태어난다. 꼬리가 잘린다. 이빨이 뽑힌다.
나는 갇힌다. 먹는다. 자란다. 빨리빨리 자란다. 다
자라고 나면, 뒤돌아볼 수조차 없다. 이곳은 딱 나만
한 크기의 감옥이다. 그곳에 오물이 쌓인다. 나는

더러워진다. 수없이 주사를 맞는다. 그리하여 나는
항생제로 이루어진다. 부작용투성이가 된다. 쇠로 된
창살을 물어뜯는다.

나는 멍해진다. 나는 옮겨진다. 나는 실려간다.
나는 놀란다. 나는 운다. 나는 죽임 당한다. 내 몸은
분리된다. 썰린다. 비닐에 담긴다. 냉동된다. 먹힌다.
온갖 방식으로 먹혀서, 당신들의 신체로 간다.

간혹 나는 산 채로 묻힌다. 나는 수만 마리의 나와
함께 땅속에 있다. 나는 썩는다. 나는 아주 천천히
병든 땅이 된다.

내가 묻힌 땅. 내 피로 물든 강. 나를 스친 사람들.
나를 먹는 당신들.

모두 아프게 될 것이다. 내가 이렇게나, 아프기
때문이다. 나는 고통의 조각이기 때문이다.

고통이 돌고 돈다. 당신에게서 나에게로. 나에게서
당신에게로.

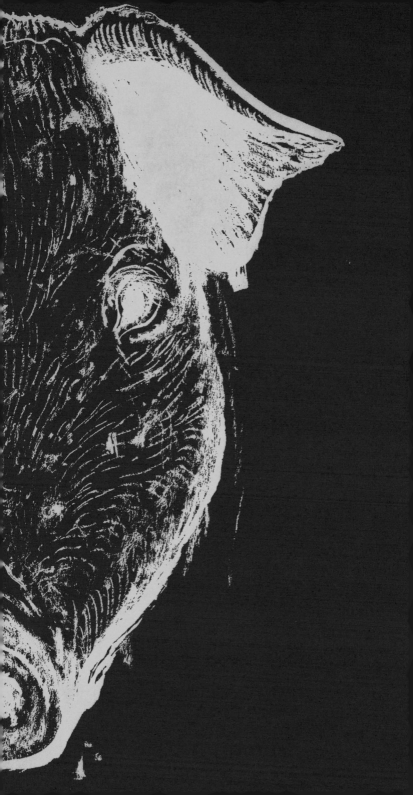

오리 X 정세랑

당신들은 더 이상 우리의 깃털을 필요로 하지
않습니다. … 당신들의 겨울이 사라져 가는데도 우리의
털이 뽑히는 게 이상합니다. 겨울을 잃고도 잔인함을
잃지 못하는 당신들에게 무슨 말을 해야 할지
모르겠습니다.

우리는 20년을 살 수 있습니다. 20년이면 좋은 친구가
될 수 있는 시간입니다. 우리는 애정을 알고 포옹을
좋아합니다. 우정은 종종 존재하지만, 대부분의 경우
착취가 이 세계의 보편입니다. 그 일그러진 보편은
우리를 침묵으로 이끕니다. 우리는 사료가 됩니다.
우리를 죽여 먹이는 개와 고양이에게, 당신들은 더
나은 친구입니까? 그 우정마저도 굴절과 왜곡이
아닌지 우리는 죽어가며 궁금해합니다.

갇혀 있기에 철새가 옮겨오는 감기에 잘 걸립니다.
감기가 돌면 몰살이 이어집니다. … 구덩이를 향해
걷는 우리를 보고 울던 사람들은 마음을 다치고,

마음을 다치지 않는 사람들은 다음 해에 같은 일을
반복합니다. 새들의 감기는 아주 가까운 사람들에게만
옮고, 사람과 사람 사이에서는 그다지 전파되지
않는다지만 언제든 돌연변이는 생길 수 있겠지요.
벌어지지 않던 일이 벌어지면 우리는 함께 죽을지도
몰라요.

우리를 키우지 않는 게, 먹지 않는 게, 이용하지 않는
게 아무래도 나을 겁니다. 울어주는 마음을 가지지
않았다면 안전을 위해서라도 이제 그만 놓아주세요.
그 놓아줌이 절멸을 가져온다면 그것은 또 어쩔 수
없는 일일 겁니다.

낙타 X 김탁환

나는 단봉낙타고, 이름은 구자다. 2000년에
태어났으니 올해로 스무 살이다.

고향은 실크로드에 놓인 타클라마칸 사막이다. 3년
동안 실컷 사막을 누볐다. 한국에 와서 동물원에
갇히고 나니, 야생 낙타 시절이 확실히 좋았다.
허기진 배를 채우려면 사막을 끝없이 옮겨 다녀야
했지만, 그때는 자유가 있었다. 동물원에선 꼬박꼬박
먹이를 주지만, 갇혀 살아야 한다.

나 구자의 나이 열다섯 살, 2015년 늦봄 이상한
일이 있었다. 원숭이 우리나 호랑이 우리 정도는
아니지만, 낙타 우리 앞에도 관람객들이 꽤 많았다.
그런데 어느 날인가부터 손님이 뚝 끊겼다. 그리고
낙타들은 모두 실외 우리로 나가지도 못한 채 실내
우리에만 지내야 했다.

낯설고 섬뜩한 그들이 왔다. 하얀 방호복을 입은

사람들이 와선 검체를 채취하려 했다. 메르스라는 전염병이 박쥐에서부터 낙타를 통해 사람에게 옮겨졌다고 알려졌기 때문에, 동물원 낙타들까지 검사를 하려는 것이다. 검사를 하나마나 동물원 낙타들은 음성일 수밖에 없다. 왜냐하면 동물원 낙타들이 대한민국으로 들어온 때가 최소한 5년이 넘었을 뿐만 아니라, 이 나라엔 메르스 바이러스를 지닌 박쥐가 발견된 적이 없다.

나 구자는 부당한 실내 격리를 견디지 못하고 탈출했다. 탈출이라고 해봤자, 실내 우리 철문을 앞발로 힘껏 걷어차고 나간 뒤, 실외 우리 나무 문까지 뒷발로 걷어차고 나가선 동물원을 활보한 것이 전부였다.

나 구자는 달렸다. 대한민국에 온 뒤 그토록 신나게 달린 건 처음이었다. 동물원 담이 높아서 그 담 너머까지 갈 순 없었지만, 타클라마칸 사막을 달릴 때처럼 뛰고 또 뛰었다. 신바람이 났다. 그 바람의 이름은 자유였다.

그러다가 결국 잡혔다. 동물원은 타클라마칸 사막이

아니고, 나와 함께 인간들과 맞설 야생 낙타들도
없었다. 결국 잡혀서 실내 우리로 끌려갔다. 방호복을
입은 사람에게 사육사가 물었다.
"구자가 메르스에 걸린 겁니까?"
방호복 사람이 성의 없이 답했다.
"그럴 수도 있고, 아닐 수도 있고. 저는 위에서 시키는
대로 하는 겁니다."

결과는 당연히 음성이었다. 나 구자는 다만 자유가
그리웠을 뿐이다. 그 후로 5년은 기억나는 일이 없다.
먹으라면 먹고 자라면 잤다. 삶의 의욕이 사라졌다.
사육사는 나를 더욱 철저하게 챙기며 감시했다.
낙타는 최소한 40년은 산다는데, 나는 동물원을
활보한 그해부터 시름시름 앓기 시작했다. 무엇보다도
바람 소리가 문제였다. 정확히 말하자면 모래가
바람에 쓸리는 소리, 사막에서만 나는 소리였다.
예전엔 잠들 때만 간간이 들리더니, 5년 전부터는
시도 때도 없이 그 소리가 휘몰아쳤다. 놀라서 쓰러진
적도 세 번이었다. 쓰러지며 다리와 엉덩이를 다쳤던
걸까. 소리는 더 크게 들리고, 뒷발을 놀리는 것이
더욱더 힘겨워졌다.

그리고 더 이상 뒷발을 쓰지 못하게 되던 날, 바람
소리가 온종일 귓전을 떠나지 않았다. 그리고 문득
궁금해졌다. 대한민국처럼 사막도 없는 나라의
동물원에서 나 구자와 같은 단봉낙타를 왜 길러야
하는지. 그리고 메르스와 같은 전염병이 돈다고 왜
오래 전에 입국한 동물원 낙타부터 검사해야 하는지.
감금의 이유나 검사의 근거에 대한 답을 못 듣고 나
구자는 죽을 것이다. 그것이 동물원에 갇혀 살다 죽는
낙타를 비롯한 동물들의 운명이니까.

곰 X 홍은전

나 홍은전은 반달가슴곰으로서 말한다.

나는 절대로 부술 수 없는 쇠로 된 방에서 태어났고
그곳에서 10년을 살았다. 우리는 쓸개 때문에
태어났고 쓸개 때문에 목숨을 부지하다가 오직 쓸개
때문에 죽는다. 내가 싼 똥오줌 위에서 인간들이 버린
음식 쓰레기를 먹고 살았다. 뜨겁게 달궈진 쇠창살
속에서 우리는 모두 병들었다. 발이 잘렸고 눈을
잃었다. 쇠창살에 머리를 찧다 지쳐 죽은 듯이 잠을
잔다. 지리산에선 우리 같은 곰들이 땅을 밟고 흐르는
물을 마시고 새들과 함께 산다고 하던데 우리는
그들과 무엇이 달라서 이토록 고통 받는 것인가.

인간들이 몰려왔다. 면역력을 강화하기 위해선 웅담만
한 게 없다고, 코로나를 이기기 위해 우리를 먹어야
한다고 신나게 떠들어댄다. 쓸개즙이 10밀리리터에
350만 원, 5밀리리터에 175만 원이란다. 우리의
피눈물이 특별 할인되었다. 현장을 찾는 손님에겐

우리의 혀와 우리의 발을 맛볼 영광이 주어진단다.

세상에서 제일 고통스러운 게 무엇인지 아는가. 내
동료가, 내 엄마가, 내 새끼가 눈앞에서 올가미에
질질 끌려가 쓸개를 적출당하고 혀를 잘리고 발목을
잘리는 모습을 지켜만 보아야 하는 고통이다. 인간은
어찌하여 그렇게 잔인할 수 있는가. 병든 우리의
쓸개를 먹고 얼마나 오래 살고 싶은 것인가. 울부짖는
우리의 혀를 잘라 얼마나 행복하려는 것인가. 흙도
맑은 물도 필요 없다. 눈과 비, 바람 따위 바라지도
않는다. 우리를 죽이지 말라. 우리를 먹지 말라.
우리는 너희에게 아무 죄도 짓지 않았다.

호저 X 유계영

나 유계영 이 순간 호저로서 말하지
어여쁜 인간 불쌍한 인간 별 볼 일 없는 인간을 위하여
너희가 반길 만한 비밀 하나 흘려주지 깊이 새겨들어
     주게
나 호저는 맛좋은 고단백 식품이지 나의 아름다운
     가시털의 위용 때문에
감히 입맛조차 다셔볼 수 없었다는 것은 알고 있지
하지만 생각해 보게 고작 가시털 하나에 물러서는
     것은 인간답지 않은 것
너희의 사랑스러운 식탐과 섬세한 손끝으로
맹독 생물들을 고급 요리로 둔갑시켜 온 것에
     비한다면 말이지
어서 나를 요리해 주게 나는 정력 증강에 탁월하네
     최고의 스태미나 보양식
가임기 아닌 시기에도 교미하는 설치동물은 나밖에
     없다지
한평생 하나의 짝과 해로하는 것을 보면 알겠지
귀여운 인간 병든 인간 볼품없는 인간을 위하여

인간 사회를 기웃거리며 안타까워하는 대신 나는 나를
　　내어주지
먹는 것이 주저되면 나의 아름다운 가시털을 뽑아
신성한 공예품을 만들어도 좋겠지
우아한 여행 기념품들과 함께 나의 가시 공예품을
　　장식해 두면
재물 운이 트이지 돈이 굴러들어 오지
이제서야 내가 귀해 보인다면 어서 나를 끌어안게
나의 아름다운 가시털이 순진한 당신의 심장을
　　파고들겠지만
오해는 말지 나는 채식주의라네
당신들은 짜고 맛이 없지

뱀 X 요조

저 요조는 뱀으로서 말합니다.

저는 조용하고 미끄럽게 살아왔습니다. 아주, 아주
오랜 시간 동안 제가 원한 것은 그것뿐이었기 때문에
불필요해진 팔도 다리도 슬그머니 자취를 감추고
말았습니다.

그러나 그런 저의 의도와 상관없이 저는 인류에게
공포와 혐오감을 주는 동시에 성스러움과 장수를
보장하는 모순의 존재가 되었습니다.

제가 사는 곳에 마음대로 침범한 것은 당신이면서,
제가 너무 무섭다고 경계하며 도리어 인간을 위협하는
동물이라 탓할 때, 돌을 던지고 등산용 지팡이로
찌르는 당신을 볼 때,

저의 피부를 벗겨 가방과 구두를 만들어 걸치고
다니는 당신을 볼 때, 애완의 대상으로 끌어다 좁은

수조에 가두고 장난감 다루듯 저를 희롱하는 당신을
볼 때,

저는 목소리도 없으면서 비명을 지르고 싶습니다.

세상은 끝나가고 있습니다. 오래 살고 싶은 당신이
아무리 저를 잘라 구워 먹고, 소주에 퉁퉁 불은 저의
시즙을 마셔대도 소용없을 것입니다.

저는 반드시 당신보다 먼저 죽게 됩니다. 우리 중
독 있는 자가 당신을 물어 죽인 적이 있습니다만,
당신이 우리를 죽인 수에 비할 바 못 될 것입니다.
그러나 당신을 보며 쌓인 오래된 역겨움은 우리가
죽어서도 없어지지 않고 세상의 끝 날까지 조용하고
미끄럽게 살아 있을 것입니다.

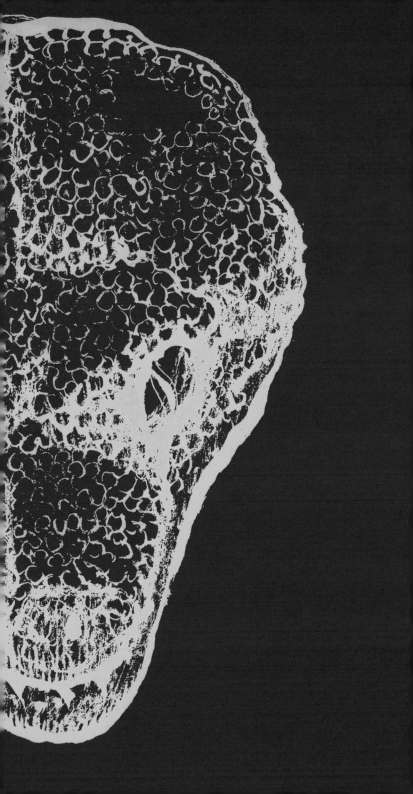

소 X 이라영

나 이라영은 오늘 소가 되어 말합니다.

나는 '한우'라 불리는 소예요. 평소에는 가격 경쟁에서
호주나 미국, 브라질에서 온 냉동 친구들을 이길
수 없어요. 코로나 이후 나는 특수를 누리는 고기가
되었다고 합니다.

영화 「기생충」을 보고도 인간들이 채끝살을
찾더라고요. 나의 허리 뒷부분이에요.

사실 나는 내 몸의 이름을 부위별로 알고 있지 않아요.
인간들도 자기 몸의 근육과 뼈, 연골, 심줄 등의
이름을 조목조목 다 알지 못할 거예요. 전거근이
어디고, 늑간근이 어디인지 알아요? 인간은 자기 몸의
근육 이름은 잘 몰라요. 몰라도 되니까요.

올해는 비가 정말 많이 왔어요. 내 짧은 우생에서
축사 밖을 나온 건 처음이었어요. 빗물이 축사로

가득 들어와 죽을힘을 다해 탈출했어요. 살고
싶었어요. 필사적으로 헤엄을 쳤어요. … 나는 흙탕물
속을 헤엄치다 물을 피해 높은 곳을 향해 걷고 또
걸었어요. 해발 531미터까지 올라갔어요. 그냥 이렇게
돌아다니는 것도 나쁘지 않다고 생각했어요.

저 멀리 인간들이 몰려와요. 나를 안전한 곳으로
데려간대요. 내게 안전한 곳은 어디일까요.

순록 X 정다연

여름의 호수가 있었습니다. 무성한 풀이, 조각조각
빛나는 윤슬이, 들판이 있었습니다. 가로지를 강이
있었습니다. 무리와 함께 헤엄칠 수 있는 드넓은 강이

굶주린 늑대가 있었습니다. 긴 겨울이 있었습니다.
새하얗게 내리는 눈이, 푹푹 빠지는 눈밭이
있었습니다. 발굽으로 헤치면 차갑고 신선한 이끼가
있었습니다. 더운 혀로 녹여 먹기 좋은 이끼가

뚝, 끊어졌습니다. 철책이었습니다. 도로였습니다.
전방을 끝없이 치고 나가는 트럭이었습니다.
국경선처럼 이어진 송유관이었습니다. 가죽에
덕지덕지 달라붙는 기름 찌꺼기, 더는 마실 수 없는
검은 강, 줄어들고 줄어드는

여름의 호수가 있었습니다. 호수라는 것이. 겨울이라
부를 수 있는 것이 있었습니다. 함박눈을 지우며 검은
연기가 솟아오릅니다. 온 계절을 잇는 공장은 멈추는

법이 없습니다. 굶주린 늑대는 더 굶주린 늑대가 되어
사라진 지 오래. 천적이 없어도 우리는 늘어나지 않고,
매일 불타는 냄새를 맡습니다. 갈 곳을 잃고 도로에
주저앉아 쓰러지는 것들은 쓸모가 없고 불에 던져지는
것들은 돈이 된다고 들었습니다.

오소리 X 단지앙

나 단지앙은 오늘 오소리로서 말한다.

오늘 나는 가까스로 인간들이 숨겨둔 덫을 피했다. 며칠 전 지금의 땅굴로 옮기게 된 이유도 인간들이 내가 파놓은 굴 주변에 올무를 잔뜩 숨겨두고 나를 잡으려 했기 때문이다. 나의 쓸개가 좋다느니 정력에 좋다느니 탕이나 고기로 먹기도 하고 털가죽을 벗겨가기도 하고 식용과 애완용으로 나눠 사육하기도 한다.

2년 전 영국에서는 소결핵균이 급증했을 때 내가 세균 확산의 주범이라며 대대적인 오소리 학살을 벌였고 그 결과 작년 가을까지 2013년 이후 약 10만 마리의 내가 목숨을 잃었다. 하지만 과학자들은 소결핵균이 확산되는 원인을 현실의 축산업 환경으로 지목했다.

나는 두렵고 억울해서 인간들을 피해 더 깊은 숲으로 들어가려 했으나 이미 깊고 안전한 숲은 사라지고

도로 위 죽어가는 또 다른 야생 동물만이 보일 뿐이다.

내가 병을 옮기고 사람들을 사납게 공격한다고?
애초에 인간들이 나의 서식지인 초원과 숲을 자기들의
땅이라며 농지로 바꾸고 개발하고 각종 살충제와
제초제로 내 먹이의 씨를 말리고 미신을 믿어 보이는
족족 나를 잡아다 몸보신을 하고 오락거리를 위해
밀거래와 사육을 하고 있기 때문에

나는 도무지 절멸에서 벗어날 수가 없는 것이다.

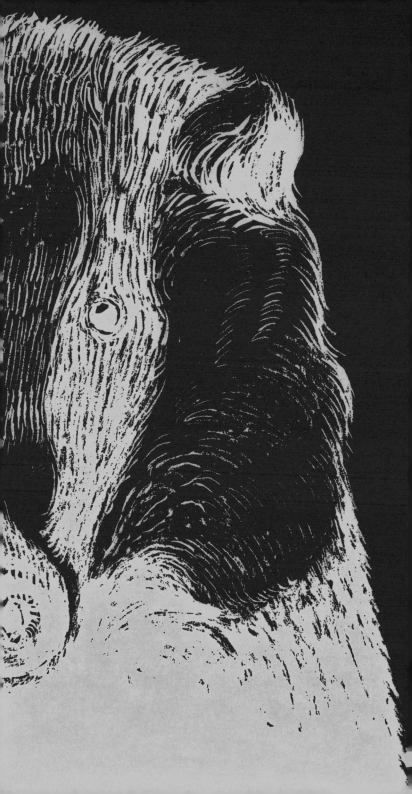

닭 X 최용석[*]

내 이름은 최용석 닭이로다. 너희들이 서민들의
음식이라 K-푸드라 애정하고 자랑스럽게 생각하는
치맥에 치킨, 닭이다.

우리도 하나하나 엄연한 생명, 엄연한 세상인디,
물건 찍어내듯 공장에 가둬두고 기르고 죽이고
기르고 죽이고 찍어내고 찍어내고 찍어내듯 마구
만들어 잡아먹는 닭이다. 학살의 그 고통을 너희 어찌
알겠느냐. 수백 마리 수천 마리 한곳에 다닥다닥
가둬두고선 병이라도 번질라치면 방역 살처분
그럴듯한 말을 하며 학살을 일삼으니, 죽음의 주사
놓고, 산 채로 파묻고, 찔러 죽이고, 태워 죽이는 일은
이제 그만하라. 코로나 씨팔! 십구 번진다고 인간을 다
잡아 죽일쏘냐. 입장을 바꿔서 생각해봐. 꼬꼬댁! 죽기
전에 한마디 아니 여러 마디 하고 죽을란다.

꼬꼬댁 나는 닭! 치고 다 바꾸라 주장한다. 꼬꼬댁
나는 닭! 치고 송두리째 바꾸라! 주장해.

산 생명 그만 먹고, 화석 연료 그만 때고, 원자력
발전소 그만 짓고, 엔간히 처먹고, 엔간히
돌아댕기고, 엔간히 싸고, 엔간히 버리고, 엔간히
부시고, 엔간히 쳐들어와 제발 제발 우리 같이 살자.

닭들의 말을 닭 치고 잘 새겨들을 것이니 시간이
얼마 없다.

지금 당장 닭 치고 모든 것들 바꾸지 않으면 더
무서운 물난리, 불바다, 병 창궐, 지진에, 방사능
유출, 나는 이제 죽을라네. 이리 말해도 변하지 않을
느그들 인간과는 더는 살 수 없으니. 나 용석이 나
닭은 이제 가네 영 가네.

* 이 시국 선언은 중모리장단의 판소리로 쓰였다.

사향고양이 X 초식마녀

나 초식마녀는 오늘 사향고양이로서 말한다.

신이시여.

좁은 철장에 갇혀
커피 열매만 먹어야 하는,
똥 만드는 기계가 되어버린
내 친구들을 구원하소서.

그 똥을 주워 먹으려고
내 동지들을 강제로 가둔
변태 같은 인간들을 벌하소서.

우리의 육신이 별미라며
제멋대로 잡아먹더니
사스를 옮겼다고
중국 광둥성에 살고 있던
내 가족과 모든 동족을 살해한

이 끔찍한 인간들을 벌하소서.

...

신이시여.
나의 죄는 무엇입니까.
왜 저는 인간에 의해
바이러스의 숙주로,
고기로, 커피똥 기계로
고통과 두려움 속에
죽어가야 합니까.

이 잔인한 인간들을 저주한 것이 죄라면

신이시여.
어찌하여 나를 버리셨나이까.

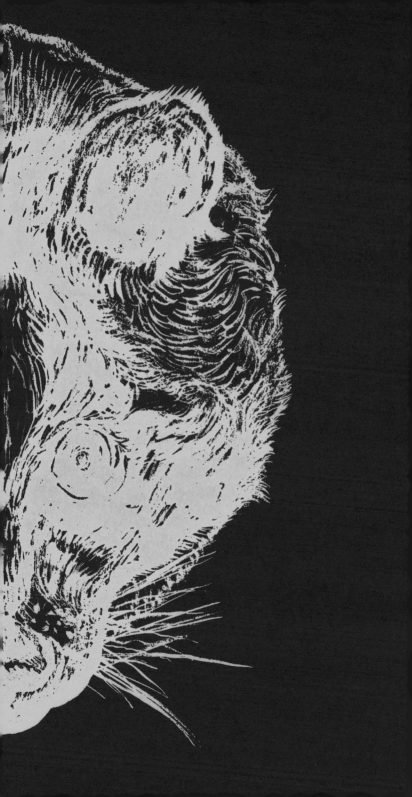

양 X 양다솔

나 양다솔은 오늘 양으로서 말한다.
오늘도 거꾸로 매달린 채 커다란 가위에 발목이
　　잘리는 꿈을 꾸었다.
똑, 똑, 똑, 똑 당신들은 내 발목을 하나씩 잘라내고
나의 어머니는 산 채로 가죽이 벗겨져 고통에 눈이
　　멀어 사방으로 뛰어다니고,
털만 깎고 오겠다던 내 친구는 온갖 곳이 찢기고
　　멍들어 쓰레기처럼 버려지고,
더럽고 비좁은 우리에서 브루셀라, 큐열, 탄저균 들이
　　춤을 추었지.
그리고 당신은 이제 나를 부른다.
내 주둥이를 틀어막은 채 질질 끌고 가서는
발버둥 치는 내가 정신을 잃을 때까지 발길질을 한다.
나를 아무렇게나 바닥에 내동댕이쳐서는,
털을 깎아내고, 가죽을 벗겨내고, 거꾸로 매달아 목을
　　갈라 피를 쏟게 하고,
똑, 똑, 똑, 똑 수북이 쌓인 발목들.
당신은 마치 태어나지 말았어야 할 존재처럼 나를

짓밟는다.

세상에 가장 더러운 단어들로 나를 부르며 나를
　　때린다.

그리고 깨끗하고 포근한 스웨터가 당신의 피부를
　　감싼다.

섬세하고 귀한 내 피부가 당신의 가방이 되고,

고소하고 부드러운 내 살이 당신의 식탁에 오른다.

그래서인가,

당신은 내가 생명이라는 것을 잊은 듯하다.

당신은 내가 생명이라는 것을 잊은 듯하다.

개 X 강하라·심채윤

하라, 채윤은 지금 개로서 말합니다.

나는 신이 보낸 관찰자다. 궁금해하는 사람들이
많아서 이 자리를 빌려 밝힌다. 본래 나는 다리가 세
개였는데 임무를 충실히 수행하여 우리의 아버지인
신께 다리 하나를 더 받았다. 그래서 지금도 소변을
볼 때면 귀중한 다리를 들고 싼다.

대한민국에는 약 1000만의 인간이 우리와 함께
살아간다. 수많은 인간에 대한 보고서가 오늘도
작성되고 있다는 뜻이다. 개와 살지 않는다고
안심하지 마시라. 우리는 옆집, 윗집에서 벌어지는
일도 다 알고 있다. 인간들이 어떻게 살고 있는지
우리는 모두 알고 있다.

하지만 인간이 신의 사자인 우리를 대하는 태도는
매우 유감스럽다. 강아지 공장을 만들어 우리를
사고판다. 어릴 때는 귀엽다고 돈을 주고 사고 조금

자라거나 귀찮아지면 버려버린다. 음식물 쓰레기를
먹이거나 때리고 학대한다. 지구에서 대한민국은
유일하게 개 농장이 있다. 평생을 뜬장에서 살고
인간의 먹이가 되어 생을 마감하기도 한다. 신종
개 인플루엔자 바이러스가 발생한다면 시작점은
대한민국이 될 확률이 매우 높다. 언제든지
시한폭탄이 될 수 있다는 사실을 확실하게 말한다.
신의 명령으로 인간과 가장 가깝게 지내면서 관찰하는
우리에게 인간들이 대하는 태도에 이제는 지쳤다.
오늘도 보고서를 작성했다.

"아버지, 이제 저희 임무를 해제시켜 주세요. 잔혹한
인간들을 말없이 보는 것은 너무나 힘듭니다.
그래도 아직 희망이 있을까요?"

침팬지 X 현희진

나 현희진은 침팬지고, 클레오의 딸이다.

클레오 외에 다른 암컷은 없었으며 침팬지 외에 다른
　　신은 없었다.
클레오의 마지막 산책을 생각하는 날이면 나는
　　중얼거린다
카메룬 남동쪽 구석 두 개의 강이 만나는 곳

사람들은 거울을 모르는 것처럼 보인다
크고 둥근 귓바퀴 선명한 지문
그들은 클레오의 우아한 육체를 맨손으로 발라 먹었다
부스럼이 자라나 무고한 연인의 밤까지 간지럽혔다

나는 태어나자마자 예뻤다.
다들 내가 클레오를 닮았다고 말한다
감기에 걸린 날에도 나는 머리를 빗고 집을 잃어버린
　　날에도 나는 눈동자를 닦는다
나무를 베고 구토를 하는 여행자를 훔쳐보기 위하여

아픈 눈에 내 얼굴을
주사 바늘을 찌르는 벌건 눈에 내 예쁨을
　　비추어 보다가

가슴을 두드린다

비둘기 X 이내

나 이내는 오늘 비둘기로서 말합니다.

한때 평화의 상징으로 광장을 날아올랐지만, 지금은
당신이 마음껏 미워하는 유해조수, 나는 비둘기입니다.
먹이 사슬의 가장 아래에서, 거리의 사람들 곁에서,
나는 당신 마음의 소리를 듣습니다. '제발 가까이 오지
마! 죽어버려!' 그러나 우리의 서식지가 처음부터
쓰레기와 토사물이었던 건 아닙니다.

나, 비둘기는 부와 욕망을 과시하는 용도로 야생에서
납치되어 당신 곁으로 왔습니다. 그때의 나는
귀족들에게 지금의 외제 차, 명품 백과 같았습니다.
당시 최신 기술을 도입해 나의 가슴 근육을 키우고
꼬리 깃털 모양을 바꾸더니, 급기야 당신들 세계관의
기반이 된 진화 생물학의 근거로 삼더군요. (다윈의
『종의 기원』 1장의 주인공이 저라는 걸 알고 계시나요.)

터전이 강제로 옮겨진 나는 삶을 계속 이어갔습니다.

당신들이 아무리 연구해도 밝힐 수 없었던 귀소
능력으로 우체부가 되고, 전쟁 영웅도 되었습니다.
당신의 유흥을 위한 경주에 나가기도, 이름 긴
고급 요리의 재료가 되기도 했습니다. 그러나 점차
희소성과 이용 가치를 잃은 나는 버려졌고, 잊혔고,
혐오의 대상이 되었습니다.

내가 더러워 병을 옮길 것 같고, 잘린 내 발이
징그럽습니까? 당신이 버린 쓰레기가 원인입니다.
나를 자세히, 오래 바라볼 수가 없습니까? 그것은
내가 외면하고픈 당신의 결점을 선명하게 비추는
거울이기 때문입니다.

추신. 버려지고 쫓겨난 경험을 먼저 한 지구 위
생명으로서, 갑작스럽게 삶의 터전을 잃은 기후
난민의 마음에 깊이 공감합니다. 그들에게 평화가
함께하기를.

코알라 X 김하나

나 김하나는 오늘 코알라로서 말한다.

나는 호주의 상징이다. 그리고 멸종 위기종이다.
작년에 나를 처음 본 한국의 김하나 작가는 "세상에
이런 귀여움이 다 있다니!"라고 외쳤다. 그렇다. 나는
당신들이 보기에 귀엽다. 실제로 보면 몸이 부들부들
떨릴 정도로 귀엽다고 한다. 인간이 꼭 한번 안아보고
싶음직한 크기에, 둥글고 둥근 얼굴과 몸통을 가졌다.
호빵 모양 귀에는 털이 부숭부숭 나 있고 아기
코알라를 업고 다닌다. 이 모든 것이 아주 귀여운
모양이다. 세상에는 멸종 위기종이 많은데, 인간의
시각에서 더 귀여운 동물이 더 많은 관심을 받는 것은
불공평한 일이다. 아니, 결국에는 공평한지도 모른다.
인간들은 모든 멸종 위기종을 차근차근 죽여나가고
있으니까.

나는 나무 위에서 하루 종일 자고, 눈을 뜨면
유칼립투스 잎을 먹는다. 잎이 다 떨어지면 천천히

내려와 다른 나무를 찾으러 느릿느릿 걸음을 옮긴다.
이 과정에서 우리들은 빠른 속도로 달리는 인간의
자동차에 부딪혀 죽곤 한다. 옛날에는 모피를 위해
우리를 마구 도살했다. 지금은 그런 일이 벌어지지
않는다. 하지만 여전히 인간들은 우리를 죽인다.
호주의 인간들뿐 아니라 지구의 모든 인간들이 우리를
죽이고 있다.

기후 위기와 도시화로 우리의 서식지는 크게 줄었다.
같은 원인으로 작년에 초대형 산불이 일어났고,
우리의 개체 수는 30퍼센트나 줄었다. 우리는 평생
누군가를 공격해 본 적이 없기에, 거대한 화마가
우리를 습격해 올 때도 얼른 달아나야 함을 몰랐다.
코알라는 '노 워터'라는 뜻이다. 물을 잘 마시지 않기
때문에 붙은 이름이다. 당신들은 산불 속에 검게
그을린 우리 코알라들이 인간이 건넨 물을 벌컥벌컥
마시는 장면을 보았을 것이다. 당신들은 그 코알라를
목마름으로부터 구해주었다며 안도할지도 모른다.
하지만 지구에 불을 지른 것은 애초에 당신들이다.
당신들은 나의 귀여움을 누릴 자격이 없다.

혹등고래 X 이수현

오늘 나 이수현은 혹등고래로서 말한다.

인간이 호주라고 부르는 큰 섬 근처에서였다.
무리들과 신호를 나누며 헤엄치던 나는 알지
못했지만, 인간들끼리는 난리가 났다. "코드 레드!
코드 레드! 봤어! 봤다고!" "미갈루야!"

미갈루는 인간이 내게 붙인 이름이다. 하얀
친구라는 뜻이란다.

그 정도 소란은 가볍게 넘길 수 있었다. 올해는
바닷속이 덜 시끄러워, 훨씬 살 만해졌기 때문이다.
100년 가까이 산 어른들은 훨씬 조용했던 시절을
그리워하기도 하지만, 내가 태어난 후 줄곧
바닷속은 조용할 때가 없었다. 고래들은 물속에서
저주파를 써서 대화하는데, 인간이 타고 다니는
기계와 설치해 놓은 기계들이 내는 소리가
엄청나게 방해를 한다. 스크루가 돌아가면서 내는

소음을 피하려면 일단 연안은 최대한 피해야 한다.
그런데 올해는 소음이 줄어 편해졌다. 알고 보니
육지 전역에 바이러스가 돌면서 선박 이동량이 확
줄었다고 한다.

물론 인간은 우리가 소음을 괴로워한다는 걸
진작부터 알고 있었다. 그러나 이번에 선박이
줄고, 전보다 편해진 내가 좀 더 육지 가까운
곳을 헤엄치자 이제야 명확한 증거라며 새삼
호들갑이다.

색소가 없이 새하얀 개체라는 건, 눈에 띌 수밖에
없다. 눈에 띄면 오래 살아남기가 쉽지 않다.
그러니 나처럼 새하얀 혹등고래는 단 하나뿐이다.
인간은 힘든 조건에도 수십 넌째 멀쩡히 살아 있는
내 모습을 보는 것이 행운이라고 한다. 인간이
나를, 그리고 우리를 대하는 태도가 꼭 그러하다.

나는 행운의 상징이고 싶지 않다.
특별한 취급을 받고 싶지도 않다.
나는 그저 나로 살고 싶다.

인간이 부당하게 대우하는 다른 많은 동물에 비하면
고래들이 나아 보일지도 모른다는 것을 안다.
거대하고 현명한 생물. 슬픈 눈으로 멸종해 가는 거인.
인간은 이제 마구잡이로 고래를 잡아서 기름을 짜고
고기를 내다 파는 일을 금지했고, 고래와 돌고래 들을
구경거리로 삼는 일도 그만두려고 하는 편이다. 내가
속한 흑등고래는 착실히 수가 늘어, 멸종 위기에서도
벗어났다고 한다.

그 소식에 기뻐하는 인간이 많다는 사실을 안다.
하지만 인간이 우리 때문에 울거나 웃는다고 내가
고마워해야 할까? 다른 한편에서는 이제 멸종
위기종이 아니니 잡아도 되지 않냐고 하고, 작은
노력으로도 줄일 수 있는 소음 공해와 플라스틱을
오히려 늘려가고 있는데?

나는 동정이나 환호가 아니라 공존을 바란다.
나를 신비화하지 말라.
나를 마스코트 취급하지 말라.
나를 '친구'라고 부르려면, 적어도 동등한 존재로
대하라.

나를 다른 존재로 동등하게 대우할 수 있게 될
때라야 비로소 인간 스스로도 제대로 대우할 수
있게 될 테니까.

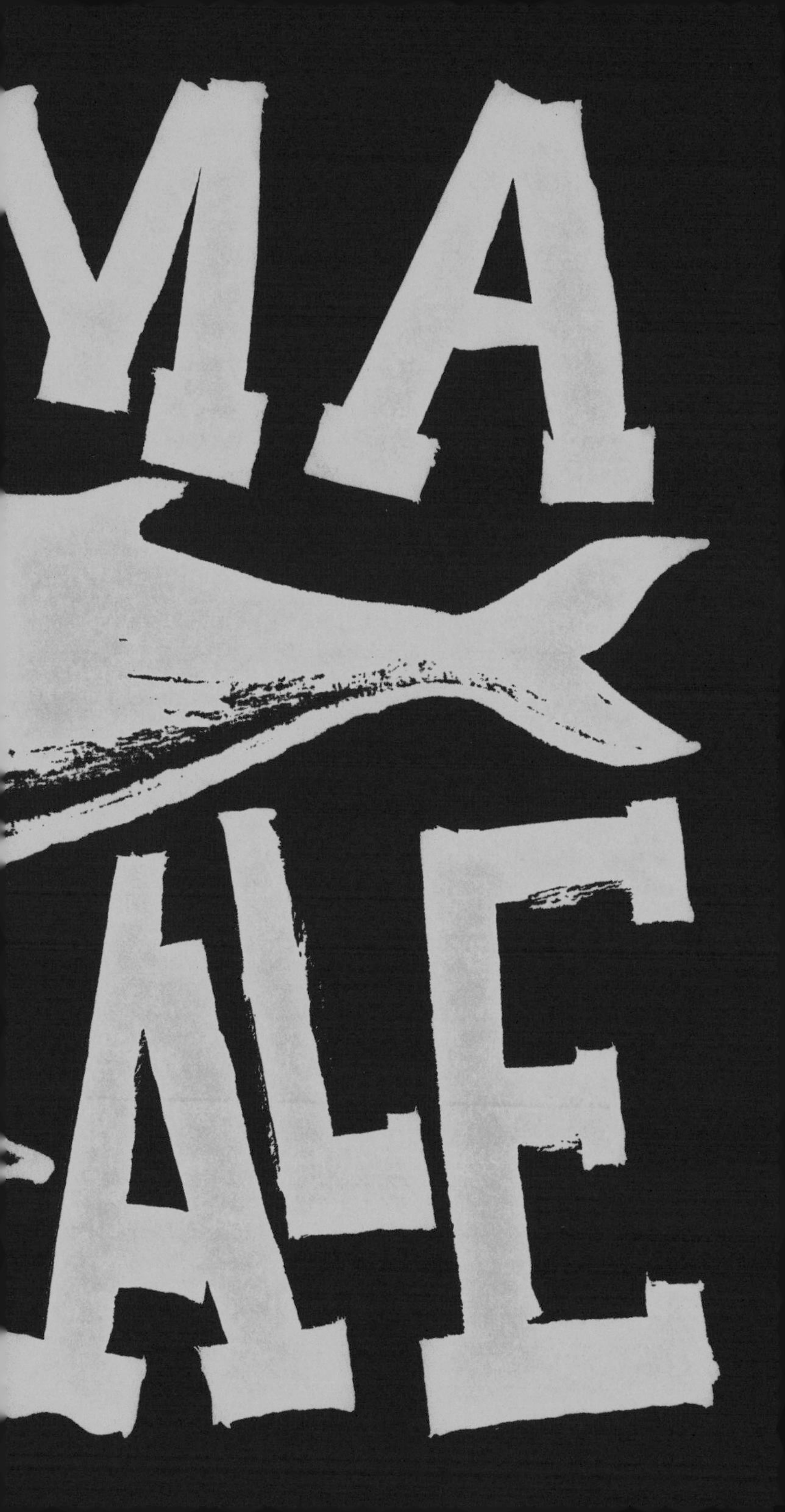
MA
ALE

어류 X 남형도

나 남형도는, 말하는 최초의 어류다. 오늘 나는,
기나긴 역사 동안 말 한마디 못 하고 죽어간 친구들을
대신해 말한다.

꽂아서 구워 먹고, 삶아 먹고, 갖가지 방법으로 날
먹어온 너희 인류는 이윽고 날 산 채로 먹는 경지에
이르렀다. 날카로운 바늘에 꿰여 내 입이 몸무게를
못 이겨 찢어질 때, 그래서 몸부림칠 때, 난 환호성을
들어야 했다. 숨이 끊어지기도 전에 너흰 산 채로 내
배를 갈랐고, 살을 한입 크기로 잘게 찢었다. 그게
가장 값비싼 죽음이라 치부했다.

그리하여 나와 함께, 3.5미터짜리 기생충이, 이름도
어려운 연쇄상구균이, 크립토스포리듐 원충이 네 몸
안에 들어간 적도 있었다. 그게 내장을 뒤틀어 네 몸이
극심한 통증에 떨렸다면. 나의 울부짖음이 조금이나마
전해진 것이리라.

너희는 이제 날 먹기 위해서만 기르지 않는다. 즐기기 위해 날 기르고, 또 죽인다. 화천 대학살 사건을 아는가. 76만 마리의 친구들이 갇힌 물속에서, 누군가에게 걸려 죽을 때까지 같은 곳을 빙빙 돌아야 했다. 얕은 물에서 맨손 힘에 몸이 짓눌려 터질 듯 괴롭기도 했다. 난 분명히 보았다. 내가 괴로움에 발버둥 칠수록 네가 더욱더 즐거워하는 모습을.

똑똑히 들어라. 난 아팠고, 고통스러웠고, 모든 통증을 느꼈다. 실은 나도 물 밖에서 힘껏 울고 있었다. 네가 물에 빠지면, 아무리 괴로워도, 도저히 비명을 지르지 못하는 것처럼 말이다.

MA
SH

쥐 X 서민

나 서민은 오늘 쥐로서 말할게.

카뮈인가 하는 소설가가 흑사병을 소재로 쓴 책을
보면 수위가 건물 계단에 죽어 있는 쥐를 발견하고
기분 나빠하는 장면이 나와. 아니, 어찌 됐건 생명이
죽었는데 왜 니들이 기분이 나빠? 근데 정말 심각한
건, 이 소설과 현실이 크게 다르지 않다는 거야.
우리가 죽은 걸 보면 니들은 애도는커녕 재수 없다는
표정을 짓지. 그래, 알아. 니들이 그러는 데는 이유가
있다는 걸. 14세기부터 시작된 흑사병 2차 팬데믹
때 유럽 인구의 3분의 1이 죽었다지? 그 이후부터
니들이 우리를 부쩍 미워하기 시작했지. 하지만 우린
억울해. 흑사병의 원인이 우리 몸에 붙은 벼룩의 세균
때문이잖아? 우리라고 벼룩이 좋아서 달고 다니는 게
아냐. 걔들이 달라붙는데 어쩌라고? 게다가 벼룩이
우리 피를 빨 때 그 세균이 우리 몸속에 들어오면
우리도 죽어. 니들이나 우리나, 똑같은 피해자라고.
피해자끼리 힘을 합쳐도 모자란데, 왜 우리를 가해자

취급하는 거야? 니들 중 누군가가 코로나에 걸렸을
때, 위로는커녕 조리돌림하고 다 나은 뒤에도 안면
까면 기분이 어떻겠니? 그러지 말고 우리, 친구 하자.
미키마우스 좋아하는 거 보니까 니들도 은근히 우리를
짝사랑하더라? 다음 이야기를 들어주면 니들이
우리에게 저지른 악행을 다 잊고, 기꺼이 친구 해줄게.

첫째, 니들 먹고 남은 밥 있으면 우리도 좀 챙겨줘.
우리가 나쁜 짓 하는 게 다 배가 고파서야.
둘째, 우리가 살 만한 공간을 좀 마련해 줘. 우리도
숨어 지내는 생활, 이젠 지겹다고.
셋째, 우리가 아플 때 치료받을 쥐 전문 병원을 마련해
줘. 이건 너희들을 위해서도 필요한 일이야.

이 세 가지 들어주는 게 그렇게 어려운 건 아니잖아?

밍크 X 김도희

나 김도희는 오늘 밍크로서 말합니다.

여러분은 세상에 왜 태어났나요? 처음엔 나도 내가
세상에 태어난 이유를 몰랐어요. 그러다 내 가족들,
친구들을 보면서 알게 됐죠. 매일 보던 사람의
손아귀에 붙들려 나가 비명을 지르며 털가죽이
벗겨지는 모습을요. 사람들 사이에서 살가죽을
벗기는 일은 돈을 받고 평결을 한 재판관에게 내릴
정도의 끔찍한 형벌이라고 하더군요. 이상하죠?
우리는 아무런 죄도 저지르지 않았는데. 하지만
어느새 운명처럼 받아들이게 됐죠. 곧 나도 저렇게
되겠구나….

하지만 그 예상은 보기 좋게 빗나갔어요. 나는
살처분이라는 이름으로 생매장이 될 거래요. 생매장의
이유는 역병에 걸릴 수 있기 때문이라는군요. 더
정확히는 사람에게 COVID-19라는 바이러스를 옮길까
봐서요. 그동안 소 돼지 닭 오리 들이 땅속에 묻힌

것도 비슷한 이유라지요. 모르겠어요. 살가죽이
벗겨져 죽는 고통과 숨이 막혀 죽는 고통, 그 고통이
왜 우리의 몫이 되어야만 하는지.

나는 밥과 똥과 오물로 범벅이 된 이곳을 벗어난 적이
없어요. 이토록 더럽고 비좁은 곳에 다닥다닥 붙어
있으니 역병이 돌 만도 하죠. 이런 세상이 당연한
줄 알았고, 온 세상이 이런 줄 알았어요. 하지만
듣자하니, 사람들은 똥과 오물이 있는 곳에서 살지
않는다지요. 그럼 그것들은 다 어디에 있는 건가요?
재난이라고요? 아니, 이건 재앙이 맞아요. 알 수
있었고, 막을 수 있었지만, 그러지 않았으니까요. 이제
우리에겐 산 채로 가죽이 벗겨져서 목도리가 될지
아니면 산 채로 온몸이 갈려나가고 녹아내려 죽을지
이 두 가지 선택지뿐이네요. 여러분이라면 어느 쪽을
택할 건가요?

나는 내가 세상에 태어난 이유를 아직도 잘
모르겠지만 적어도 이렇게 살고 싶지는 않았어요.
그리고 이렇게 죽고 싶지도 않아요. 내 생의 어느
장면에도 기쁨, 자유, 희망은 없어요. 부디 어느
생에서라도 다시는 만나지 않길 바라요.

크릴새우 X 김보영

나 김보영은 오늘 크릴새우로서 말한다.

나는 저 추운 남극에 살고 있는 아주 작은 주황색
새우다. 나는 몸은 작지만 친구들이 많다. 남극에 사는
주민들 대부분은 나를 먹고 산다. 펭귄도 바다사자도,
물개도, 물고기도, 고래도, 오징어도, 바닷새도 모두
나를 먹고 산다.

언제부터인가, 내 몸에서 뽑아낸 기름이 인간의
건강에 도움이 된다는 헛소문이 돌면서, 한국에서만
매년 나를 수만 톤씩 잡아들이기 시작했다. 그 작은
나라에서 나를 잡아들이는 양이 세계 3위다.

내 몸에서 나는 기름은 그저 평범한 물고기 기름일
뿐이다. 당신들은 다른 기름이 얼마든지 있지 않은가?
나를 먹지 않아도 얼마든지 살 수 있지 않은가?
하지만 남극의 생물들이 먹을 양식은 나뿐이다. 나를
그들에게 양보해 달라!

날로 더워지는 날씨에 극지의 얼음은 계속 녹고
있다. 내가 살 수 있는 빙하도 점점 줄어들고 있다.
1970년 이래 나는 80퍼센트나 줄었다. 이대로라면
나는 멸종하고 만다. 내가 멸종하면 남극의 모든
생물도 모두 굶어 죽고 말 것이다. 내 역할은 그뿐이
아니다. 나는 저 심해에 살다가 수면으로 올라가
플랑크톤을 먹고, 플랑크톤이 흡수한 이산화탄소를
갖고 심해로 돌아간다. 그러니까, 나는 지구의 온실
효과도 막고 있단 말이다. 내가 없어지면 지구는 점점
더워질 것이다. 당신들 자신을 위해서라도 나를 그만
잡아들여라! 나를 남극의 주민들에게 양보해 달라!

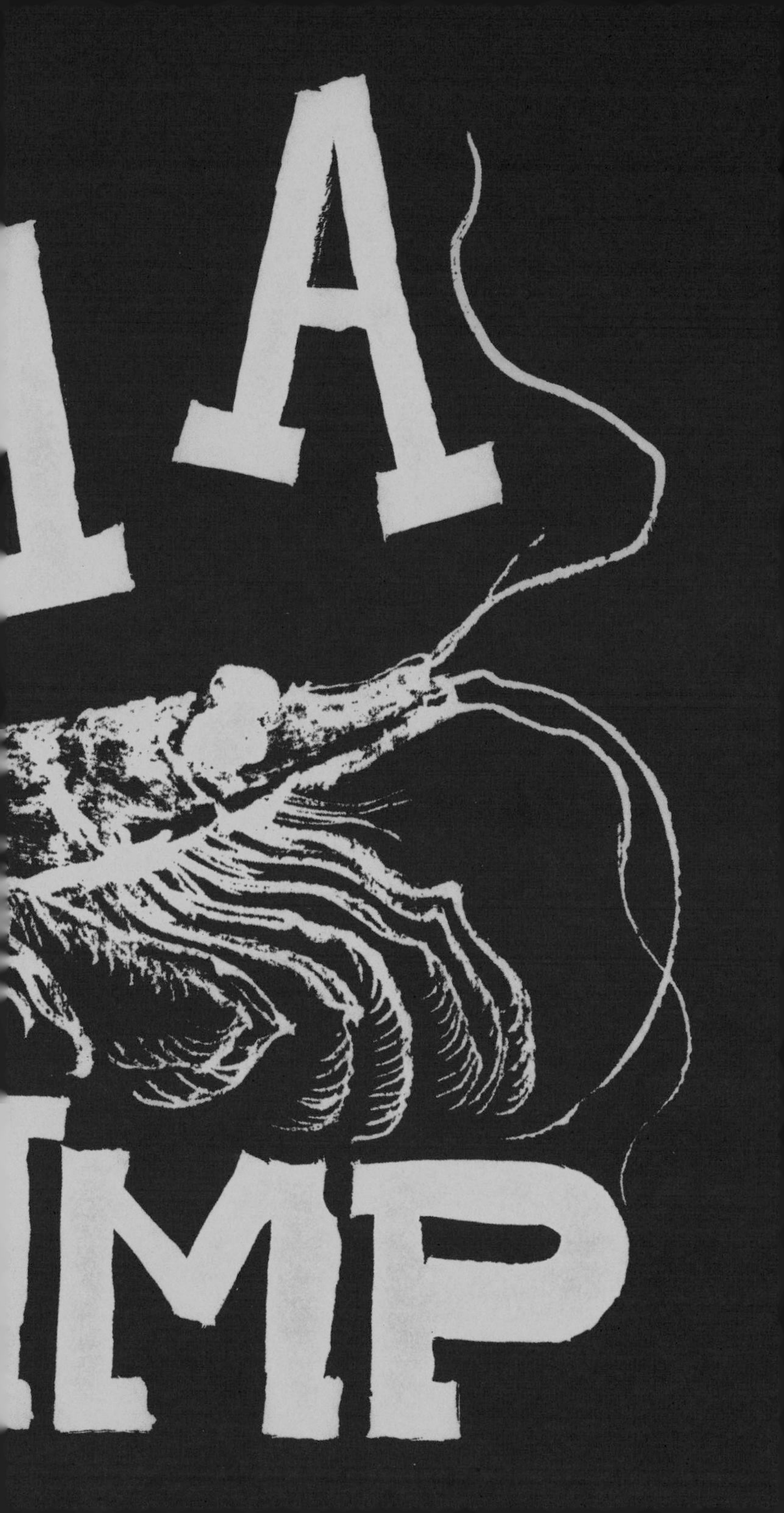

고슴도치 X 김남시

나 김남시는 오늘 고슴도치로서 말한다.

나는 내게 위험이 닥쳐온다고 느끼면 몸을 웅크려
등의 가시를 세우고 쉭쉭 소리를 낸다. 그때 내게
섣불리 손을 뻗는 인간은 날카로운 가시에 찔려 피를
흘리게 될 것이다. 인간은 조금이라도 위협적으로
보이는 동물을 적대시하는 습성이 있다. 그러나
짧은 가시가 만들어내는 부피만큼, 그 순간 내 작은
몸뚱이가 얼마나 떨고 있는지 당신들은 모를 것이다.
내 등에 곤두서는 가시는 두려움이나 전율을 느낄
때 인간 살갗에 솟아나는 소름과도 같다. 가시가
날카로울수록 내가 느끼는 두려움과 공포는 크다.
당신에게 보이는 위협의 신호는 내가 감내해야
하는 두려움의 표현이다. 나의 두려움이 만들어낸,
기껏해야 당신 손가락에 한 방울의 피를 흘리게 할
가시는, 당신이 내게 다가오지 않는 한 당신에겐 어떤
피해도 가하지 않는 방어 수단일 뿐이다.

당신네 인간도 두려움에 사로잡힐 때가 있다. 그런데 당신들은 그 순간 당신들이 다른 존재들에게 얼마나 파괴적인 존재가 되는지 단 한 번도 생각해 본 적이 없다. 지구 온난화로 절멸의 가능성이 현실화된 이제서야 두려움에 빠진 당신들은, 지구를 바로 이렇게 만들었던 못된 습성을 버리지 못한 채, 지구 대기권에 인위적 조작을 가해 태양복사열을 막아보려는 거대 우주공학 프로젝트를 추진 중이다. 탄소 연료가 대기 온도를 상승시킨다는 사실을 깨닫고 서둘러 원자력 발전소를 세운다. 수십만 년간 분해되지 않을, 지구와 생명체를 파괴할 방사능 오염은 아랑곳하지 않는다. 두려움에 빠진 내가 가시를 세우고 이빨을 드러내며 쉭쉭거릴 때, 기껏해야 당신 손가락을 찌를 때, 당신들은 지구와 생명체 전체를 절멸시킬 거대한 칼날을 마구 휘둘러 대고 있는 것이다.

너구리 X 이지연

나 이지연은 오늘 너구리로서 말한다.

나는 '라쿤'(racoon)이라는 영어명으로 소비되며,
사방이 막힌 도심 건물에 갇혀 온종일 희롱당한다.
놀이 희(戱), 희롱할 롱(弄). 손아귀에 넣고 제멋대로
가지고 놂. 희롱당하는 삶은 내 일상이다. 사람들은
내가 정신병에 걸려 고개를 이리저리 흔들거나,
자해를 하고 있어도, 일단 손부터 뻗지.

코로나 사태가 터지자 인간들의 정부는
생활 속 거리두기 지침을 발표하며,
동물 전시 체험 시설에서는 서로 1미터
거리를 유지하고, 동물과 직접 접촉은
최대한 자제하라고 써놨다. 그런 정신이면,
라쿤 카페는 폐쇄 명령을 내려야 하지 않나?
나를 둘러싸고 벌어지는 인간들의 미련함과
탐욕은 결국 '인수 공통 감염병'이라는
이름의 부메랑으로 인간들에게 돌아가리.

그때가 되어서야 나는 이 끝없는 고통에서 해방될 수 있으려나.

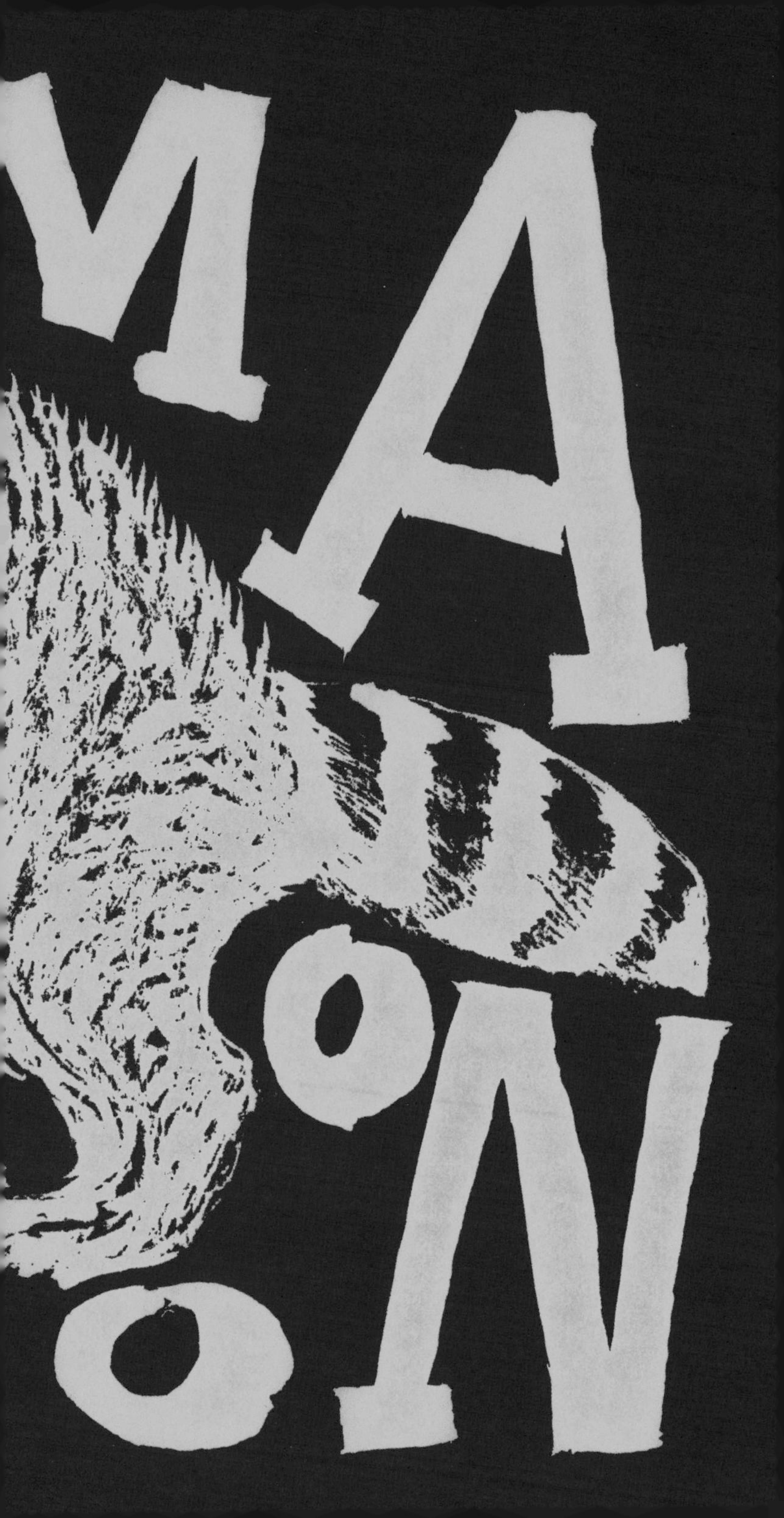

선언문 해설

친애하는 인간 여러분!

　방금 들으신 선언문의 의미를 단번에 이해하셨다면 여러분은
여기 계실 필요도 없겠죠. 네, 잘 안 되시는 게 당연합니다. 일부러
사전에 아무 설명도 하지 않았습니다. 설혹 여러분의 세련된 귀에
낯선 부분이 있었다 하더라도 판단을 중지해 주십시오. 그 이물감을
재빨리 처리하는 대신, 되도록 오래 곱씹어 주신다면 이 선언의
목적이 절반은 달성된 겁니다. 나머지 절반은 선언사(史)상 유례없
이 긴 제 해설에 맡겨주십시오.

　'동물들의 시국 선언'을 이해하기 위해서는 '동물'과 '시국'만
이해하시면 됩니다.

　후자부터 볼까요. 이 시국을 뭐라 표현하겠습니까? 두말할 것도
없이 '코로나19 사태' 한복판입니다. 이 나라에서는 정점이 지나간
듯하지만, 여전히 2차 대유행의 폭풍 전야 같은 불길한 기운이 감돌고
있죠. 코로나 얘기야 이미 지겹도록 들으셨겠지만 "지긋지긋함의
등잔 밑은 어둡다"는 속담이 바로 이런 경우를 두고 나왔을까요,
그토록 많은 말 잔치에 철저히 소외된 얘기가 있었습니다. 그것도
가장 중요한 얘기가 말이죠. 다름 아닌, 이 팬데믹의 근본 원인에
대한 얘기입니다. 특히, 이 나라에서는 그 소외가 더욱 심했습니다.
초창기 '중국 차단론'이 정치적으로 이용되면서 발병의 원인을 거슬러
추적하는 것 자체가 터부시된 면도 있죠. 하지만 그보다는, 당장의
현안 대응에 급급한 이 나라 특유의 신속한 생존 관성이 우리의
주의를 원인보다 증상에만 기울이도록 유도한 겁니다. 생각해 보면

우리는 아무리 큰 사건 사고가 터져도 제대로 원인 규명을 하지 못했습니다. 제대로 된 원인 규명이란 걸 경험해 본 적이 없는 거죠.

코로나19의 근본 원인! 누구나 들어봤지만 아무도 확실히 알려주지 않는, 그래서 각자 막연하게 짐작만 하고 넘어가는 그 원인은 과연 무엇일까요? 현재로선 바이러스가 박쥐에서 기인해 중간 숙주를 거쳐 인간에게 '스필오버'(spillover)했을 것이라는 설명이 정설입니다. 야생 동물 거래가 전염의 확산에 기여했다고 판단한 중국·베트남 정부는 그래서 해당 시장에 대한 규제를 강화했죠. 다른 팬데믹이나 인수 공통 전염병이 그랬던 것처럼, 코로나19도 그 원인에 대한 과학계의 합의가 이뤄지려면 앞으로 상당 기간이 걸릴 것으로 전망됩니다. 에이즈도 에볼라도 수십 년이 걸렸고, 그나마도 코로나19의 경우보다 더 엄밀한 증거가 확보되었다고 보기 어려웠지만, 어찌됐든 영장류 기원설이 결론으로 통용되고 있죠. 어쩌면 코로나19도 여태껏 나온 것보다 더 분명한 물증이 나와서가 아니라, 그저 시간이 지나고 음모론과 가짜 뉴스의 안개가 서서히 걷히면서 과학계가 적절한 '합의점'에 이르지 않을까 싶습니다.

누군가가, 지금 이 순간에도 코로나19의 원인을 규명하기 위해 치열하게 파고들고 있을까요? 중간 숙주 동물이 천산갑인지 아닌지 밝혀질까요? 확실한 것은 이 바이러스가 야생 동물에게서 전파됐다는 점, 인간이 그 동물의 서식지 점점 깊숙이 침투하면서 감염 접점이 크게 확대되었다는 점입니다. 이 두 가지 명제만으로도 다음과 같은 결론을 도출할 수 있습니다: 코로나19의 근본 원인을 직시하는 것은 곧 동물에 주목하는 것이다. 코로나19는 물론, 앞으로 다가올 인류가 겪어보지 못한 '질병 X'* 역시, 동물에게서 나오고, 인간과 동물의

---

* 세계보건기구(WHO)는 2018년 2월 '추후 세계 대유행을 일으킬 바이러스' 목록을 발표했는데, 맨 마지막인 여덟 번째 바이러스를 미지의 '질병 X'(disease X)라고 명명하였다. 이는 앞으로 출현할 것으로 예측되어 대비해야 할 공중 보건에 큰 위협이 되는 요주의 신종 질병을 총칭하는 의미로 통용되고 있다.

늘어난 접점에 의해 확대 전파될 확률 또한 매우 높습니다. 유엔
보고서에 따르면 새로이 창궐하는 전염병의 75퍼센트, 이미 알려진
전염병의 60퍼센트가 동물로부터 유래했습니다. 이쯤 되면 질병X는
동물X의 문제라고 해도 과언이 아닐 겁니다. 동물 문제를 해결한다고
질병X가 반드시 해결되는 건 아니지만, 동물 문제를 해결하지 않고
질병X 예방을 바랄 순 없습니다. 비유를 들자면, 금연을 한다고 반드시
폐암에 안 걸리는 건 아니지만, 금연 없이 폐암에 걸리지 않기를
바란다면 지나치게 낙천적이거나 안일하고 위험한 태도겠죠.

　　여러분 눈앞에 벌어진 동물들의 시국 선언에서 유언을 남기고
운명을 같이한 동물들 대부분은 감염병과 관계된 동물들이었습니다.
인간에게 병을 옮기는 매개자 동물(박쥐, 천산갑, 조류), 병 때문에
살처분 당하는 동물(밍크, 사향고양이, 멧돼지, 돼지, 소, 닭),
감염병의 치료에 효험이 있다고 알려져 희생당한 동물들(곰) 등 어떤
방식이든 이 불미스런 역병의 비극 속에서 배역을 맡은 동물들입니다.
그렇지만 그 배역은 늘 조연, 아니 엑스트라에 지나지 않았죠.

　　우리 인간은 지금까지 한 번도 동물을 주체로 상정해 본 적이
없습니다. 항상 객체나 도구였고 기껏해야 가여이 혹은 어여삐 여긴
정도였죠. 이유는 인간이 의심할 여지가 없는 세계의 주인공이었기
때문입니다. 하지만 일각에서는 너무도 당연해 보이는 이 시각에
대한 반성과 도전이 일고 있습니다. '인간 중심주의'를 벗어나자는
주장이 그것이죠. 탈인간 중심주의의 강력한 도전장은, 역설적으로
가장 인간 중심적인 학문, 인류학에서 나왔습니다. 아마존 원주민을
연구하던 브라질 인류학자 에두아르두 비베이루스 지 카스트루는
아메리인디언들의 세계관을 관통하는 하나의 특징에 주목하게
됩니다. 원주민들의 사고 체계에서 신화가 매우 중요한 역할을 한다는
것, 그리고 그들은 신화를 '인간과 동물이 서로 구분하지 않던 시절의
이야기'로 여긴다는 점입니다.

　　신화가 사라지거나 완벽히 대체된 현대 도시인들과 달리
이 원주민들은 신화적 사고를 간직해 왔습니다.(이 부분은
레비스트로스를 비롯해 다른 학자들의 선행 연구가 축적되었죠.)
그들 역시 우리와 같은 인간이므로 인간 중심으로 생각하는 건
당연했지만, 동시에 동물 역시 동물 중심으로 생각한다는 걸 알고,
인정하고, 의식했다는 사실이 우리와의 큰 차이점입니다. 엄밀히
말하면 동물이 동물 중심으로 생각할 때 그 동물은 스스로를 인간으로
여긴다고 확신했습니다.(우리가 반려동물을 보고 "저 개는 자기가
사람인 줄 안다"고 말할 때와 다릅니다. 그 경우는 인간의 삶에 너무
길들여져 차이가 흐려지는 현상입니다. 아마존 원주민의 경우는
죽이고 죽임을 당하는 야생의 긴장 관계 속에서 전혀 다른 존재에게서
'나'와 가장 근원적인 공통성을 보고 그 타자의 영혼과 세계를
인정하는 사고방식입니다.) 생물학이 인간과 비인간 동물의 공통점을
동물성(생물성)으로 간주한다면, 아마존 원주민의 세계관에서
인간과 동물의 공통분모는 인간성이었습니다. 그들은 동물에게도
영혼이 있음을 의심하지 않았습니다. 재규어, 독수리, 따삐르(맥,
貊), 패커리(멧돼지류) 모두 다른 옷을 입고 있을 뿐 깊은 곳에서는,
각자의 입장에서는 인간이었습니다. 또, 재규어 입장에서 인간은
따삐르이거나 패커리이며, 패커리 입장에서 인간은 재규어일 수 있고,
따삐르 입장에서 재규어는 인간일 수 있었습니다.

　　이처럼 아마존 원주민들은 인간 중심에 머물지 않고 끊임없이
'이동'했습니다. 인간과 동물의 경계를 현란하게 넘나들며, 타자의
관점을 취하는 데 놀랍도록 익숙했습니다. 그들에겐 그것이 삶의
일부였습니다. 동물도 당연히 하나의 주체였기 때문에 그들의 관점에
대해 사고·상상하는 것은 너무도 자연스러웠습니다. 원주민 공동체
안에서도 이렇게 종을 넘나드는 관점 이동에 유난히 능수능란한 자가
샤먼이었습니다. 샤먼은 동물과 인간의 소통을 도울 수 있는 신화적

사고의 전문가였던 셈이죠.

서구 철학이 주체에게만 관점을 부여한다면, 원주민 사상에선 관점이 있는 모든 것이 곧 주체였습니다. 카스트루는 이를 관점주의라고 명명합니다. 인간이라는 단일 관점에 갇혀 있지 않는 유동적 지성, '식인의 형이상학'이라는 섬뜩한 이름의 대못으로 그는 견고한 인간 중심주의에 균열을 냅니다. 인간이라고 반드시 인간 중심에 머물 필요는 없다는 것, 오히려 전혀 다른 삶, 전혀 다른 인류가 가능하다는 것을 보여주는 기획이죠. 이렇게 카스트루는 서구 식민주의에서 태동한 태생적 한계를 지닌 학문인 인류학을 강력한 탈식민지적 도구로 재발명합니다. 낡고 뒤쳐지고 원시적이라고 치부했던 삶의 방식 속에서, 지금 우리가 가장 결여하고 있는 고로 가장 필요한, 고로 가장 미래적인 사고의 원형을 재발견합니다.

이 자리에서 현대인이 저지른 온갖 생태적 재앙을 일일이 열거할 필요는 없을 겁니다. 여러분도 귀가 따갑게 들으셨을 테니까요. 얼마 전 프란치스코 교황도 '생태적 죄'를 교리에 추가해 신과 미래 세대에 대한 죄로 정의해야 한다고 발언하지 않았습니까? 극도로 보수적인 제도권 종교에서까지 인정하지 않을 수 없는 인류의 패착, 그리하여 엄연한 현실로 성큼 다가온 기후 위기…. 오로지 인간 중심적 이익만 추구하기 위해 온갖 도구를 발명한 인간은, 급기야는 자신의 가장 대표적인 발명품인 자본에 중심 자리를 빼앗겨 자본 중심주의 세상을 열고 맙니다. 사람이 만든 시스템이, 거꾸로 사람을 만듭니다. 이제는 멈출 수가 없습니다. 무조건 시스템을 돌아가게 해야 합니다. 그러자니 곧 죽어도 성장하고 개발해야 합니다. 끝도 없이 팽창해야 합니다. 남은 자연이란 자연은 죄다 도시와 경작지로 바꾸면서 거기 살던 동물들을 잡아먹거나 난민 신세로 몰아냅니다.

동물들은 오래전부터 공진화한 바이러스들과 그럭저럭 잘 살고 있었습니다. 생명 다양성이 존재하는 균형 잡힌 생태계에서는 그 '잘난' 바이러스도 단지 생존할 뿐 창궐하진 못했습니다.
면역력을 갖춘 동물들이 일종의 방호벽 역할을 해줬기 때문이죠.
그러나 인간은 자연이 선사한 최고의 차단 장치를 꿀꺽 삼켜버리고
두둑해진 배를 두드리며, 벌목과 밀렵의 손길을 기어이 깊은 밀림과
동굴에까지 뻗쳐, 결국 판도라의 상자를 열고 맙니다. 그러자,
세속적인 표현을 양해해 주시길, 말 그대로 자연의 '뚜껑이 열린'
셈입니다.

　　인간의 개입과 침투는 예전 같으면 있을 수 없는 인간-동물
접점들을 생성했습니다. 온갖 동물들을 밀렵해 가까이 모아놓고
거래하는 시장에서는, 자연 상태에서는 상호 작용이 일어날 일 없는
동물들끼리의 접점도 크게 늘어납니다. 모두 호모 디벨로푸스(homo
developus), '성장하고 개발하는 인간'의 작품입니다. 게다가
자본이 직조한 가공할 교통 인프라와 글로벌 연결망을 타고 그
접점들은 빛의 속도로, 기하급수적으로 증폭됩니다. 과거에 콩고의
변방에서 바이러스에 감염된 어느 시골 마을 주민이 주변의 한두
명만 감염시키고 말았다면, 지금은 그 감염자가 반나절 만에 수도에
도착해, 그날 밤 비행기로 브뤼셀에 입국하는 관광객에게 바이러스를
옮기고 그 다음날 인천공항까지 도달합니다.

　　그렇게 팬데믹은 전 세계를 휩쓸었습니다. 그 누구도, 단
1초도 멈추리라고 상상하지 못한 거대한 글로벌 경제 기계를
최소한 얼마간은 올스톱 직전까지 몰고 가기도 했습니다. 이 정도의
전 세계적인 파장은 전무후무합니다. 1918년의 팬데믹도, 세계
대전들도, 9·11도, 서브프라임 모기지 사태도 코로나19에 비하면
국지적이고 점진적이었습니다. 이런 메가톤급 충격을 받았는데도
우리가 근본적인 변화는커녕 근본 원인을 들여다보지조차 않는다면…
사실 그 무엇도 우리를 바꾸지 못할 것입니다.

　　포스트 코로나 시대에 우리가 고민해야 할 것은 재난 지원금과

공공 의료 확충, 비대면 경제뿐만이 아닙니다. 그것들은 그것대로 필요하지만, 어디까지나 증상 대응책들입니다. 병의 원인에 대해 진단하고 처방하지 않으면, 병이 점점 더 잦아지고 더 독해지지 않는다는 보장이 없습니다. 아니 오히려 최악의 사태가 반복된다는 쪽에 판돈을 거는 게 좋겠죠. 그래서 인간과 자연의 관계, 더 명확히 말해 인간이 동물과 그들의 서식지를 다루는 방식, 즉 동물의 거래/ 집단 사육 및 서식지 파괴 행위에 대한 근본적 재검토가 요구되는 것입니다. 왜 우리가 동물에 대해 말해야 하는지, 이제 이해되십니까?

팬데믹이 팬데믹이 된 지 어언 반년이 넘었습니다. (세계보건기구의 공식 발표로는 180일이지만, 발표가 늦었다는 평가가 지배적이죠). 그 충분한 시간 동안에도 인간들이 가장 해야 할 말, 가장 중요한 말을 하는 데 실패했기 때문에, 동물들이 직접 나선 겁니다. 인내심에 동이 날 만도 하죠. 동물들이 직접 한자리에 모일 수 없었기에 (거리두기 원칙 준수 차원에서) 대리자가 호출되었습니다. 아마존 원주민들처럼 동물과 인간을 매개해 줄 샤먼을 불러야 했습니다. 현대 사회에서 샤머니즘은 예술을 통해 출몰한다는 것을 요제프 보이스, 백남준 같은 플럭서스 작가들이 잘 보여준 바 있습니다. 작가(만드는 이)가 어떤 존재입니까? 경계를 모르는 존재입니다. 상상하고 이입하는 존재입니다. 타자 되기를 일삼는 족속들입니다. 만약 동물들의 존재론적 목소리를 복화(腹話)해 줄 인간을 찾는다면, 그 역할을 맡을 주체로서 어떤 부류를 지목하겠습니까?

그렇게 작가들이 소환됐습니다. 엄밀히 말해, 동시에 느슨히 말해, 동물들이 작가들을 소환한 거죠. 시인, 소설가, SF 작가, 만화가, 시각 예술가, 저술가, 뮤지션, 프로듀서, 영화 제작자, 유투버…. '없던 것을 있게 하는 사람들' 혹은 창작자들이 주축이 되었고, 이 메시지에 공감하는 활동가, 학자, 시민도 같이 참여했습니다.

배경은 이해되셨을 겁니다. 그럼 이제 선언문의 핵심인 '열 가지 유언'을 자세히 들여다보겠습니다.

1

동물이 최대의 피해자이자 취약 계층임을 인정하라.
동물 앞에서 약자인 척하지 말라.
‒ 교차주의적 연대

"만일 글을 깨우친 벌레 한 마리가 자신의 비극을 우리에게 이야기한다면, 우리가 비극에 대해 무슨 할 말이 있겠는가?" 에밀 시오랑의 말입니다. 가장 부당한 취급을 받는 인간은 소위 '짐승 취급'을 받는데, 이는 동물들 입장에선 평상시 받는 취급일 뿐입니다. 실제로 약자인 인간도 많다는 걸 부정하자는 게 아닙니다. 언제나 상대적으로 더 취약한 계층이 있다는 걸 의식하자는 겁니다. 그 인식은 저항의 동력을 떨어뜨리지 않습니다. 오히려 연대를 확장해 시너지를 일으킬 수 있습니다. 교차성(intersectionality)의 원리가 배제의 원리의 작동을 막는 겁니다. 그렇게 되면, 소수자 해방 운동이 또 다른 소수를 억압하는 모순도 피할 수 있습니다. 인간이었다면 무라카미 하루키가 즐겨 인용하는 피츠제럴드의 말처럼 "누군가 비판하고 싶을 때 기억해라, 세상 모두가 너처럼 유리한 입장에 있지 않다는 걸"이라고 표현했을 수도 있겠죠. 하지만 당하고 산 역사가 워낙 긴 동물들에게 순화된 표현을 기대하는 것이 이치에 맞는지도 재고해 볼 일입니다.

2

서식지 파괴를 중단하라 #동물과거리두기
‒ 서식지 보존, 공장식 축산 폐지 및 인수 접촉 기회 제한

인수 공통 전염병 예방에 가장 효과적인 방법은 동물과의 접점을

줄이는 것입니다. 이는 탈개발주의/탈육식주의와 상통합니다.

첫째로, 동물들과 거리를 두어야 합니다. 동물의 서식지인 산림, 습지, 해양에 대한 개발을 자제하고, 동물과 인간 사이의 완충 지대를 늘려야 합니다. 둘째, 동물들끼리 거리를 둘 수 있어야 합니다. 그들의 서식지를 파편화해 버리면 행동/섭식 반경이 줄어든 동물들끼리 적정 거리를 유지할 수 없습니다. 셋째, 기르는 동물들도 거리두기가 절실합니다. 밀집 사육을 하는 공장식 사육이야말로 가장 먼저 퇴출되어야 한다는 의견에 많은 이들이 찬성합니다. 바이러스는 결사반대합니다. 그들에게 너무도 유리한 환경이기 때문이죠!

3
세 가지 마약을 끊어라. 탈성장, 탈개발, 탈육식!
→ 성장과 개발에 의존하지 않는 저탄소 경제 모델

탈성장(degrowth)은 아직 이 나라에 생소한 개념이지만, 국외에서는 논의가 활발합니다. 탈성장 국제 네트워크는 최근 공개서한에서 코로나19의 위기가 '성장 의존성'과 연결된 자본주의 경제 시스템의 취약성을 드러냈다며, 화석 연료·군수·광고 산업의 단계적 폐지와 보건 의료, 교육, 재생 에너지, 생태 농업 육성을 요구했습니다. 탈성장주의자들은 근본적으로 다른 유형의 사회로 나아가는 것이 인류에게 남은 유일한 선택지라고 믿습니다. 근본적인 원인을 보지 않으려는 이들에겐 소귀에 경 읽기겠지만요. 아, 이젠 '사람 귀에 (소가) 경 읽기'라는 말이 적절하겠군요! 개발주의도 마찬가지입니다. 우리의 토양과 해안도 크고 작은 개발 프로젝트에 훼손당하고 있지만, 우리 자본은 '개발 원조'라는 미명으로 해외 저개발 국가의 자연까지 쑥대밭으로 만들고 대규모 인명 피해도 야기하고 있습니다. 한국전력공사의 베트남 석탄화력발전 투자 사업, SK건설의 라오스 댐 붕괴 사고, 코린도의 문제적 팜유 산업처럼 '재앙을 외부화하는' 사업

모델이 보여주듯이, 우리의 (악)영향력이 몰라보게 커졌습니다. 대안
중 하나가 생태 소농입니다. 온실 효과, 토지와 물 낭비, 부영양화,
제초제 오염을 막는 생태 소농으로 생산한, 자연 식물식 저탄소 식단은
지구와 동물, 사람의 건강에 모두 유익합니다. 위의 세 가지 '탈'을
우선순위에 두면 생태적 전환은 저절로 이뤄집니다.

4
기후 위기를 진짜 위기처럼 대하라.
ㅡ 국가 차원의 기후 위기 선포 및 모든 목표일을 앞당겨 대책 재수립

이 말은 그레타 툰베리가 부르짖는 말입니다. 설마 동물들도 툰베리의
페이스북을 팔로잉하는 걸까요? 기후 위기는 지구에 사는 모든
생명체의 운명을 결정합니다. 아직도 "기후 변화"라는 온건한 표현을
쓰는 사람이 많지만 "기후 위기"라고 적시하는 경우도 눈에 띄게 늘고
있습니다. 하지만 수사만 달라졌을 뿐 전혀 위기답지 않게 대하고
있다는 게 툰베리 같은 이들의 시선입니다. 인류세는 인류를 적어도
두 부류로 갈라놓았습니다. 기후 변화를 진지한 위기로 인식한 이들은
다급합니다. 기후 변화에 관한 정부 간 협의체(IPCC) 보고서에서
말하는 "10년 남았다"는 말을 진지하게 받아들입니다. 그러니 하루하루
애가 탑니다. 서둘러 대책을 마련해 실행을 해도 시간이 부족한데, 가장
큰 책임을 진 정부가 "2050년을 목표로…" 운운하고 있으니 기가 찰
지경입니다. 반면, 기후 변화를 또 하나의 위기관리(risk managing)
대상 정도로 여기는 이들이 있습니다. 그들은 아무것도 희생하지
않으면서 '슬슬' 할 수 있는 최소한의 대응이면 충분하다고 생각합니다.
전자의 태도를 망상이나 불필요한 선동으로 취급해 경계하고, 아무리
긴급한 의제라도 안정적인 경제 성장을 훼손시키지 않는 선에서만
다룹니다. 제3의 부류도 있는데, 안타깝게도 이들이 수적으로 가장
많을 수도 있습니다…. 그들은 기후 변화는 사기이고, 일부 '관종'

과학자들과 환경 단체, 그리고 좌파 세력이 자기들의 이익을 위해
짜고 치는 고스톱이며, 툰베리 같은 아이들은 그 세력의 사주를 받고
있다고 믿습니다. 그들에 대해서는 막스 플랑크의 말을 인용할 수밖에
없습니다. "새로운 과학적 진리는 상대방을 잘 설득해 빛을 보게 하는
방식으로 승리하는 것이 아니라, 그 상대방이 결국 죽고 새로운 사상에
익숙한 새로운 세대가 자라나서 퍼진다."

5
우리 조상들의 화석은 연료가 아니니 도굴을 삼가라
→ 자본 회수(divestment)를 통한 화석 연료 산업의 단계적 폐지

우리는 화석 연료가 실제로 화석이 아니라는 것('오래됐다'는
의미의 비유일 뿐임)을 망각하듯이, 그것이 먼 과거에 살아 있는
유기물(동식물)의 사체였다는 사실을 종종 잊곤 합니다. 화석 연료
기반 경제가 지구 온난화를 불러왔다는 것은 이제 삼척동자도
아는 사실이죠. 이제는 블랙록 같은 주류 투자자들도 자본 회수
운동에 동참하고 있습니다. 일각에서는 여전히 그들의 진정성을
의심하고 있지만, 화석 연료 대기업의 돈줄을 끊는 대신 신재생
에너지에 투자금을 돌리는 것은 '기후 위기 시대에 미래 세대를
위한 결정'이라는 좋은 명분뿐만 아니라 비즈니스 측면에서도 훨씬
유망하기 때문에 에너지 전환으로의 효과적인 유인책입니다. 동물들의
경우엔 기후 위기 대응 때문에 화석 연료 채굴을 중단하라는 게 아닐
겁니다. 모욕적이기 때문인 듯합니다. 이유야 어떻든 '동물에게 불경한
짓'을 하지 않으면, 인간은 저절로 수혜를 누리게 됩니다.

6
사람 중심이란 말은 더 이상 아름답지 않다. 사람은 너무 많다.
→ 인구 제한 정책

지금까지 우리에게 사람 중심은 다분히 좋은 말, 응당 추구해야
할 가치였습니다. 늘 인간 중심이었던 인류가 사람 중심을 굳이
도달해야 할 목표로 설정한 것은 아이러니지만, 앞서 살펴본
것처럼 자본주의가 인간 소외로 귀결된 맥락을 보면 이해가 갑니다.
그렇다면 자본의 자리에 인간을 복권시키면 해결이 될까요? 그렇지
않을 겁니다. 어떤 인간이냐가 모호하기 때문입니다. 아무리 인간
중심이라도 항상 어떤 인간은 더 중심에 있을 테니까요. 결국 평등과
분배의 문제가 끊이지 않겠죠. 빈곤은 벗어나야 합니다. 그러나 모든
지구인이 평균적인 미국인/유럽인의 물질적 생활 수준을 누리도록
끌어올리는 게 목표라면, 그런 유토피아는 요원합니다. 이론적으로
가능하다 하더라도, 당면한 전 지구적 생태 위기를 가중시킬
뿐입니다. 알다시피 한국인 평균 수준으로만 살아도 지구가 3.3개는
필요한데(『한국 생태발자국 보고서 2016』) 지구는 하나뿐입니다.
그렇다면, 일론 머스크가 달로 보내주기만을 손꼽아 기다려야
할까요? 그보다는 지구를 놔두고, 우리가 바뀌는 게 현명한 선택
아닐까요? 인간 중심주의를 벗어나 다른 동식물과의 관계를 완전히
재설정하는 길 말입니다.

　　선언에서 언급한 통계는 2018년 『미국국립과학원회보』(PNAS)에
발표된 논문의 결과로, 현재 지구의 포유류 중 36퍼센트가 인간,
60퍼센트가 인간이 먹으려고 키우는 가축이고, 나머지 4퍼센트
이하가 다른 동물들이랍니다. 인간에 '의한' 비율이 이토록
압도적(96퍼센트)이고, 인구가 80억을 향해 가는데도 출산율이
너무 낮다며 야단법석이죠. 인간의 존엄성과 기본권을 침해한다는
이유로 인구를 제한하자는 말은 꺼내지도 못합니다. 정책 입안자들의
제1 금기죠. 특히, 소위 1세계 국가들에서 이런 주장을 펼치면 개발
도상국들은 제국주의, 인종 차별주의라며 발끈하죠. 그도 그럴
것이, 저개발국의 인구가 아무리 많아도 인구당 생태발자국은 경제

선진국들이 훨씬 큽니다. 그러므로 '사다리 걷어차기'식 규제보다는
업보가 많은 나라들이 솔선수범, 희생정신을 보여줘야겠죠. 동물들
입장에선 부자 나라나 가난한 나라나 괴롭기는 마찬가지입니다. 누가
먼저, 더 빨리 줄이든 간에 그들은 이렇게 많은 인간은 감당할 수도,
귀하지도, 아름답지도 않다고 말하고 있는 겁니다.

7

당신들이 이룬 모든 건 '값싼 자연' 덕분이었다. 이젠 제값을 치르라.
– 자연물 채취 산업의 사회적 비용 환원 의무(임업, 목축업, 광산업, 에너지 산업 등)

역사학자 제이슨 무어는 『싸구려 자연의 대두』(The Rise of Cheap
Nature)에서 기후 변화, 멸종, 바다 산성화 같은 전 지구적 환경
파괴가 '자연은 싼 자원'이란 인식 속에 추진된 무분별한 개발로 인한
결과물이라고 보았습니다. 과거 서양 제국주의가 노예를 싼 인적
자원으로 인식한 것과 현대의 자본가가 이주 노동자를 취급하는
태도는 크게 다르지 않습니다. 도살로써 완결되는 동물의 생명 노동
착취 현실은 그중에서도 참담합니다. 우리가 '아낌없이 주는 나무'의
동화 같은 환상에 젖어 있는 사이, 숲은 커다란 채취장으로, 하천과
바다는 헐값의 쓰레기 처리장으로 전락했습니다. 박경리 같은 이는
그래서 인간이 균형 감각을 갖추고 자연을 이용하는 방법을 "이자만
취하고 원금은 건드리지 않는 것"이라고 알기 쉽게 비유했습니다.
한편으론 이런 방식으로 설명해야 이해가 된다는 사실이 슬픕니다.
깊은 생태학의 관점에서 보면 자연은 인간의 쓸모로 환원되지 않아도,
그 자체로서 충분한 존재 이유를 가지기 때문이죠.

어쨌든, 싸다고 신나게 긁어댄 신용 카드의 청구서들이 하나씩
날아오고 있습니다. 코로나19도 그 대가 중 하나입니다. 팬데믹에도
정신을 못 차리고 여전히 자연을 공짜로 여기는 인식에 머물면,
곧 자연이 돈보다 비싸질 것입니다. 아무리 많은 돈을 싸들고 가도

깨끗한 물 한 접시, 공기 한 주머니, 쌀 한 가마 못 구하는 세상을 상상해 보십시오. 돈이 널리고, 자연이 귀한 세상에서 가장 피해를 보는 것은 우리같이 평범한 인간들입니다. 기득권이 '일자리 창출' 따위를 내세우며 자연 착취 산업을 옹호할 때 우리가 절대 표와 지지를 보내면 안 되는 이유가 바로 이것이죠. 거꾸로, 돈의 가치를 제한하고 자연이 귀한 줄 아는 방향을 추구하는 세력에게 가장 강력한 응원과 지원이 필요합니다.

8
지속 가능성 말고, 가능성의 지속을 추구하라.
– 자본의 외부 창조

지속 가능성은 적과 동지 모두를 만족시키는 간사하고 텅 빈 말입니다. 생태적 전환 노선과 '지금 이대로-주의'(business as usual)가 한 단어 안에서 동상이몽할 수 있다면 그 자체가 문제 아닐까요? '무엇의' 지속 가능성인지 따져 묻지 않는 한, '친환경' 같은 껍데기 용어일 뿐입니다. 동물들은 이렇게 물을 것입니다. "여태껏 자본의 지속 말고 추구한 게 있냐?"

가능성의 지속에 대해서도 질문할 수 있겠죠, 어떤 가능성이냐고요. '가능성 자체'라고 답하겠습니다. 자본은 언뜻 가능성을 넓히는 것 같지만 사실은 좁힙니다. 자본의 자장 내부에 있을 때는 돈으로 뭐든지 가능하지만, 그 밖으로 한 발짝만 나가도 (돈이 떨어지면) 모든 가능성이 차단됩니다. 하루아침에 모든 게 불가능해집니다. 스마트폰이 편해 보이지만 전력이 떨어지면 비할 데 없는 멍청이폰이 되는 이치와 같죠. 반대로 자본이 중심이 아닌 세상에서는, 계약망 바깥에 있더라도 다른 가능성들이 열려 있습니다. 우리는 특정 장치나 재화, 통화(currency)의 예속 상태에서 벗어나, 다양한 가능성의 역량들을 발휘할 수 있게 됩니다.

9

썩지 않는 물건 그만 좀 써라. 당신들은 어쩌자고 영혼만 썩어가냐?
‒ 석유 화학에 의존하지 않는 자원 순환 시스템

세계 곳곳에서 쓰레기 대란이 일어나고 있습니다. 살림이 어려운
나라에 만들어놓은 '쓰레기 식민지'들이 독립 운동을 개시하고 있기
때문이죠. 더 이상 묻을 장소도 없어 보입니다. 플라스틱은 썩지도
않고, 태우면 그만큼 많은 탄소가 배출됩니다. 바다도 플라스틱에
잠식되고 있고, 점점 더 많은 미세 플라스틱이 인체에 침투하고
있습니다. 자원 순환 경제란 단순한 재활용을 말하는 것이 아닙니다.
현재 시스템에서 재활용률은 형편없이 낮고, 오히려 "어디선가 잘
재활용되고 있을 테니, 마음껏 써도 되겠지"라는 그릇된 의식을
심어줍니다. 제대로 된 자원 순환의 출발점은 순환 가능한 자원을
사용하는 것입니다. 가장 오래 쓰이고, 가장 빠르게 분해되며,
가장 적은 에너지로 다시 쓰임을 창출하는 자원들로 된 물자의
선택적 사용, 그리고 그런 물적 토대로 이루어진 경제가 자원 순환
경제입니다. 지금의 추세와 정확히 반대 방향으로 가면 된다고 보시면
됩니다.

10

앞으로 동물한테 경어체를 써라.
‒ 동물권에 대한 보편적 존중

상하 관계를 나타내는 위계가 아닌, 관계의 거리에 따른 경어입니다.
일부 어른들이 어린이들에게 어색하게 사용하는 것처럼 경어를
쓰라는 데 방점이 있다기보다, 동물에게 너무나 당연하게 낮춤말을
쓰는 자세에 스민 인간 우월주의의 거만함에 대한 지적, 그리고
동물권을 일상생활 속의 보편적 인식으로 받아들이길 요구하는
메시지가 아닐까 합니다. 그런 의미에서 동물권을 헌법에 명시하자는

시민 단체들의 오래된 염원을 현실화하는 것도 의미 있는 출발이
아닐까 싶습니다.

마지막으로 한 가지 덧붙인다면, 선언문에서 언급한 바키타돌고래는
아직 완전히 멸종하지는 않았습니다. 세계에서 가장 심각한
멸종 위기에 처한 해양 포유류인 바키타돌고래는 현재 멕시코의
캘리포니아만에 약 열다섯 개체 정도 남아 있는 것으로 추정됩니다.
바키타돌고래가 죽어가는 근본 원인은 불법 어업, 밀어입니다.
시셰퍼드 같은 환경 단체가 이를 막기 위해 불법 그물을 제거하는
해상 캠페인을 5년째 지속해 오고 있음에도 불구하고, 멕시코 당국의
고질적 부패 문제 때문에 단속이 제대로 이뤄지지 않아 불법 어업이
여전히 기승을 부리고 있습니다. 바키타돌고래의 개체 수가 점점
줄어들자 전 세계의 내로라하는 전문가들이 모인 태스크포스가
출범해 바키타돌고래를 생포해 보존하려는 극단의 조치를 시도하게
됩니다. 지난한 과정을 거쳐 겨우 생포된 바키타돌고래 한 마리는,
인공 시설에서 채 적응 훈련을 시키기도 전에 숨을 거두고 맙니다.
엄청난 예산과 세계 최고의 과학자들이 합심한 결과는 처참한
실패였습니다. 많은 야생 동물들이 인간이 조성한 공간 속에서
생존하지 못합니다.(생존을 거부한다고 보는 시각도 있습니다.) 아직
바키타돌고래는 열댓 마리 정도가 존재합니다. 우리가 그들을 살릴
수 있는 방법은 그들의 서식지를 보호하고, 그저 살도록 내버려 두는
것입니다.

이상 해설을 마치겠습니다. 도움이 되셨기를 바랍니다.
긴 시간 경청해 주셔서 감사합니다.
저는 동물심 번역기였습니다.

쓰레기와 동물과 시

2부에 실린 시와 산문은 2019년 시인, 소설가 그리고 시민 들이 '쓰레기와 동물과 시'를 주제로 창작한 작품들이다. 이외에도 '쓰동시 백일장'에 응모한 100여 편의 작품 중 일부는 이동시의 SNS 채널을 통해 공유되고 낭독되었다. 더불어 서울 일대에서 플라스틱 쓰레기에 대한 경각심을 일깨우는 피케팅 시위와 '캐롯몹'*도 선보였다. (뒤 면지 참조)

* carrotmob: 채찍 대신 당근! 사회적 모범이 되는 업소에 단체로 몰려가 매상을 올려주고 소문을 내는 '칭찬하는' 방식의 소비자 운동.

그것 / 오은

그는 넉넉함을 사랑하는 사람이었다
넉넉한 밥상과 술상에서
넉넉한 마음이 비롯된다고 믿었다
그의 마음을 거친 무수한 잔칫상은
무수한 입을 즐겁게 했다

넉넉함이 과해서
넉넉함을 소화하기에
사람의 위(胃)는 그리 크지 않아서
나머지를 만들어냈다

나머지를 거들떠보는 사람이 없어서
나머지는 비닐봉지 속으로 들어갔다
나머지가 자꾸 남아서
금방이라도 터질 것 같았다

비닐봉지에 실려
덤프트럭에 실려

나머지가 도착한 곳에는
그것이 무리를 지어 살고 있었다

별빛만 넉넉하게 쏟아지는 곳에서
그것을 그것이 먹었다
굶주린 상태에서
빨간 눈을 하고
아플 내일은 모르고
슬플 내일은 차마 알지 못해서

그것 옆에서 그것이 잠들었다
소화되지 않은 그것이
그것의 배 속에 있었다

그의 손은 늘 넉넉하고
그의 배는 줄곧 불렀지만
그의 가슴은 점점 가난해졌다

그는 그것이 되었다
그것이 되어서,
그것으로 취급받아서
그는 아팠던가

그는 슬펐던가

그는 그것을 생각하지 않았다
모자라지 않아서
굶주리지 않아서
그는 거대한 나머지가 되었다

빨대 / 유경근

빨대 박힌 그 코는
내 딸의 코였어.
빨대가 막아버린 그 숨은
내 딸의 숨이었어.
한순간 멋과 편리를 위해 잠깐 쓰고 버린 것들이
내 딸의 숨을 막고
내 딸의 삶을 후벼 판 거지.

내가 그런 거지.
내가 쓰레기인 거지.
거북아, 미안해.
딸들아, 미안해.

개에게 묻는다 / 서효인

여기쯤일까 근처일까 아닐까
하는 곳에 개를 묻었다
야트막한 둔덕 혹은 뒷산이었던 곳에
아파트가 들어서기 3년 전이었다
그로부터 20년이 지났다 개를 묻은 지
그때는 죽은 개를 어디에 묻는지를
알지 못했다 방문자가 부주의하게 열어놓은
작은 틈으로 개는 나가버렸다
거기가 삶의 틈바구니였다는 듯이
아파트가 들어설 곳 옆 동네에서
대로변에 붙은 집 바로 옆길에서
차에 치여 죽은 개를 안고
묻는다, 여기가 어디인지
그즈음인지 근처인지
그때 지어진 아파트는 17년이 되었고
값이 덜 오르거나 더 오르거나 하였다
아파트에 들어간
콘크리트며 철근이며 알루미늄이며 하는 인간의

     자재들
아파트에서 나오는
플라스틱이며 수박껍질이며 기저귀 같은 인간의
     흔적들
거기에 키우던 개는 없었다
가끔은 왜 거기에 개를 묻었을까 묻는다
원래는 뒷산이었고 그때는 쓰레기 산이었는데
그곳은 이제 완전히 바뀌었다
계속해서 바뀔 것이다 덜 안 좋거나 더 안 좋은 쪽으로
차에 치여 죽은 개를 안고 오르던 언덕길은
완전히 재개발되었다
키우던 개가 보이지 않아
묻는다
여기는 어디인가 이 근처인가 이쯤이면 되었나
쓰레기로 뒤덮인 뒷산에서 우리 강아지가 무어라
     대답한다
옳지 그렇지 대답하는
나의 꼬리가
극심히 흔들리고 있다

질문 / 유희경

그래서 어떻게 됐어
어떻게 되었을까
백년도 없을 것이
천년을 남기는 이야기
만년을 해치는 이야기
무구함이 유구함을
아프게 만드는 그런
피도 눈물도 남김없이
말라버리는 그런 이야기는

그래서 어떻게 됐냐고
그건 말이야
비밀이 비밀이 아닌 그런
쉬워지려고 어려워지는 그런
별을 가리는 것으로 시작해
해마저 가리는 그런
검푸른 무지개가
깃털을 부리를 물들이고

그러고도 남아
날지 못하는 날개처럼
커다란 띠를 둥글게 둥글게
멀리까지 떠내려 보내는
그런 이야기는

그래서 어떻게 되었냐면
바다거북이의 코를 막고
고래상어의 폐를 가리고
산호들이 하얗게 질리고 마는
투명한 것들로 쌓아 올린
투명한 것들의 세계는
누가 떨어뜨리고 흘리고
놓치고 돌아보지 않고
버스에 올라버리는 듯한
버려도 버려지지 않고
해변으로 떠내려와
죽어버리고 마는 이야기는

울지 못하는 울음과
아픈 줄 모르는 아픔과
지르지 못하는 비명과

작별하지 못한 작별을
편안한 낮과 밤의 안녕과
안녕하지 못한 안녕과
쉬운 것과 쉽지 않을 것을
맞바꾸는 그런 이야기는

그러니 어떻게 되는 걸까
말하지 않고
듣는 것도 아니며
잊어버리려 하고
그런 척하거나 결국
잊어버리고 마는
그때는 맞고
지금은 괜찮고
훗날은 모르고 싶은
가볍고 투명한 생수병처럼
버리기 쉽게 슬픈
우리들의 이야기는 말이야

인간에 걸린 모두 / 김경환

슬픈 것들을 안아주는 것은 슬픔뿐이었고
저는 바다를 안았어요

안아주는 손가락에는 낡은 그물이 걸렸고
그물엔 바다 동물이 걸렸고
바다 동물에는 슬픔이 걸렸고
인간은 그물을 던지고 있었어요

바다와 동물과 인간은 그물처럼 얽혀 있는데
인간은 그물을 던지고 버리는 것만 알아서
안아주는 것을 몰라요 슬픔을 몰라요

모두 인간이라는 그물에 걸렸어요
(포옹과 슬픔마저 걸렸어요)

인간은
그물을 만들고 던지고 버리며
그물을 만들고 던지고 버리며

던진 그물처럼 죽어서도 바다와 동물을 괴롭힐
　　거예요
(바다에 뼛가루를 뿌리면 돌고래는 슬픔의 바다에
　　빠질 거예요)

바다와 동물은
그물에 얽히고 빠지고 울며
그물에 얽히고 빠지고 울며
버린 그물처럼 말도 없이 지구에서 사라질 거예요
(바다와 동물이 한 번에 울어버리면 육지도 사라질
　　거예요)

제가 할 수 있는 일은 시를 쓰는 것이었고
뿌리치는 바다를 간신히 안았고
쓰레기와 동물과 시 들은 그물을 풀고 있었어요

어떤 새들은, 순교자와 같이 / 김연수

어떤 새들은 입을 벌리고 죽는다. 경이로울 줄 아는
순교자와 같이. 눈을 크게 뜨고 귀를 기울인 채,
입을 벌린다. 어미 앞의 새끼처럼. 두려움과 수치와
죄책감과 비탄과 공포를 모르고, 자기 앞의 세계를
받아들이는, 경이를 알아보는 경이로운 영혼들.
입을 벌려 깊고 푸른 바다를 들이마시는 대왕고래가
그러하듯이. 알래스카에서 미드웨이섬까지 단숨에
날아가는 알바트로스가 그러하듯이. 심해로 가라앉지
못하는 바다거북과 꺼지지 않는 배 때문에 굶어
죽는 슴새가 그러하듯이. 가장 경이롭지 못한 쓰레기
앞에서도 어떤 새들은 입을 벌려 자기 몸만큼의
플라스틱을 모두 삼킨다. 경이로울 줄 아는 순교자와
같이. 죽는 순간에도 평화와 희열과 사랑과 수용이
있는, 경이를 알아보는 경이로운 영혼들.

그리고 이 새들의 죽음 앞에서
눈을 가리는 인간이 있다.
귀를 막는 인간이 있다.

입을 다무는 인간이 있다.
새 시대의 건강법을 익혔으니 그들은
오래오래 살아남으리라.
놀랄 일도, 신비한 일도 모두 사라질
내일부터의 지구와 같이.

쓰레기와 도시와 시 / 김한민

버리면 썩던 시절이 있었다
장안의 청소를 돼지들이 담당한
중세의 거리는 기억보다 깨끗했다

자세한 연유는 역사가도 모르지만
부와 병과 빚이 복잡하게 얽힌 일들이 잇따르면서
뭐가 지저분한지 아닌지 헷갈린 이들이 늘어났다
쓰레기 혹은 쓰레기로 간주된 모든 것이
쓰레기 취급을 받기 시작한 것도 그때부터였다

동시에 쓰레기와 동물은
우리 기억과 시야 바깥으로 쫓겨났다
외곽으로 외곽으로 밀려나
세상들의 끝에서 만난 두 존재는 한때는 살 만했다
눈앞을 말끔히 치운 인간들도 만족했다

명백한 승리였다

버리면 썩던 시절이 갔다
내세울 만한 위인 한 명 없는 도시도
쓰레기만큼은 배출을 멈추지 않았고

제대로 된 지도자 한 명 없는 나라도
쓰레기만큼은 부패 없이 수백 년을 갔다

동물들만 어리둥절했다
먹으면 먹을수록 허기가 지고
먹어도 먹어도 줄지가 않았다

사라졌다 생각한 짐승들이 지저분한
쓰레기 가면을 쓰고 출몰하는 광경이 잦아졌다
이것에 대해 말하는 사람들도 늘어났다
그러나 이것에 대해 행동하는 사람은 늘어나지 않았다

명백한 패배였다

무제 / 정혜윤

쓰레기는 전쟁보다 오래된 것이다
쓰레기는 인간의 무관심만큼 오래된 것이다
오래전의 나는 바닷가를 많이도 걸어 다녔다
바람을 맞서며 늙고도 싱싱한 바다에게 혼자 많이도
　　물어봤었다.

있잖아. 여기서는 어떻게 살아야 해?
있잖아. 여기서는 어떤 일이 벌어지는 중이야?
나는 뭘 하면서 먹고살아야 해?

누가 설명이라도 해줬으면 좋았을 것이다.
적어도 첫 번째 파도 다음에 두 번째 파도가 어떻게
　　일어나는지라도.
뭐 하나 제대로 이해하지 못했던 나는
쓰레기 같은 생각을 많이도 했다.

그때 누군가 나에게 알려줬다

있잖아. 세상과 한번 맺은 관계는 변하지 않는대.

눈물이 핑 돌았다.

세상과 내가 맺은 관계. 내가 나와 맺은 관계는

　　딱하게도, 수치스럽지만 쓰레기였다

어쩌지?

반드시 쓰레기에 맞설 단어를 찾아내야 했다.

바다를 걷다가 시커먼 기름에 절어 날지 못하는 작은

　　새를 보았다

가여웠다.

새를 안아주지도 못하고 바라만 보았다

바다에 둥둥 떠 있는 시커먼 기름을 보면서

최대한 긍정적으로 생각하라고 새에게 말할 수는

　　없었다.

어쩌지?

나도 모르게 새에게 약속했다

제발 살아 있어 줘!

내가 너를 살려줄게!

그날 난생 처음으로 작고 아직 따뜻한 새를 위해

　　땀나게 뛰어봤다.

그런 처음이 있다는 것은 좋았다.

어쩌면 그날 쓰레기에 맞설 단어 하나가 자라났을
    것이다
약속이었다.
내가 너를 살려줄게! 조금만 기다려줘!

그런 중요한 약속조차 지키지 못한다면 나는 뭐란
    말인가?

수산 / 현희진

1
풍선을 불어 어린 것의 손목에 실로 묶어준다
당부한다
마음껏 놀으렴 다만 풍선을 터뜨리면 안 돼
어린 것은 마음껏 놀아도 풍선을 터뜨리지 않는
　　　방법을 안다
어린 것은 빠르게 자란다
빠르게 자라면서 마음껏의 속도를 망각하고
자꾸만
자꾸만 풍선을 터뜨리고
터진 고무 조각들이 나뒹군다
어린 것은 그걸 쓰레기라 부른다
풍선은 모두 어디로 가는가

2
그때에
이리가 어린 양과 함께 살며
표범이 어린 염소와 함께 누우며

송아지와 어린 사자와 살진 짐승이 함께 있어
어린 아이에게 끌리며
암소와 곰이 함께 먹으며
그것들이 새끼가 함께 엎드리며
사자가 소처럼 풀을 먹을 것이며
젖 먹는 아이가 독사의 구멍에서 장난하며
젖 뗀 어린 아이가 독사의 굴에 손을 넣을 것이니라*

3
윗도리를 걷어 새끼에게 물린다
어린 것은 젖을 먹는 방법을 안다
어린 것은 빠르게 젖을 뗀다
빠르게 젖을 떼면서 충분의 속도를 망각하고
자꾸만
자꾸만 다른 어린 것을 물어뜯고
남겨진 새끼들이 나뒹군다
어린 것은 그걸 쓰레기라 부른다
울음은 모두 어디로 가는가

*「이사야」 11:6-8

4
거룩한 산
모든 곳에 해 됨도 없고 상함도 없을 것이니[*] 그곳에
모든 어린 것들이 손을 잡고 강강술래
강강수월래

* 「이사야」 11:9

새와 유리 / 김숨

그 섬에는 작은 새들이 살았다
어느 날 사람들이 배로 유리를 들여와 섬 동쪽에
　　놓아두었다
작은 새가 날아와 유리에 부딪쳤다
한 마리, 한 마리, 또 한 마리…
사람들은 유리를 치우는 대신에 새를 땅에 묻어주었다
그리고 이름을 지어주었다

돌오름길에서 적당한 거리를 생각하다 / 김탁환

한라산 돌오름길을 좋아한다. 여럿이서 때론 혼자서, 계절을 달리하여 다섯 번 걸었다. 해발 600미터에서 800미터, 참나무 숲이며 조릿대 군락지이자 표고버섯 재배지인 이 한라산 둘레길을 즐기는 이유는 두 가지다.

첫째 행인이 적다. 12킬로미터쯤을 두세 시간 걸어도 두세 명을 만나는 것이 고작이다. 서울에서 인파에 휩쓸려 살다가 이렇게 인적 드문 길을 걷노라면, 새소리는 물론이고 바람 소리, 내 걸음 소리가 유난히 크게 들린다. 빛살이 그 소리를 더 맑게 만든다.

둘째는 노루와 늘 만나기 때문이다. 우연이겠지만, 다섯 번 가서 다섯 번 모두 노루와 마주쳤다. 처음만 내가 놀라 뒷걸음질 치는 바람에 노루가 달아났고, 나머진 가만히 멈춰 서서 노루를 봤다.

노루들은 15미터 정도 재빨리 달아난다. 그런데

숲속으로 깊숙하게 숨지 않고, 거기서 멈추곤 고개
돌려 나를 본다. 15미터에서 20미터 정도 거리를
두고, 노루와 나는 서로를 의식하며 서 있다. 그러다가
노루가 먼저 고개를 숙이곤 풀이나 잎을 먹기
시작한다. 내가 핸드폰으로 사진을 찍거나 동영상
촬영을 해도 신경 쓰지 않는다.

한번은 이렇게 촬영을 하는데, 노루가 내 쪽으로
5미터쯤 걸어 나왔다. 노루와 나 사이엔 바위도 나무도
없었다. 나를 완전히 무시하는 걸까. 노루가 5미터쯤
더 다가왔을 때, 나는 뒤로 천천히 물러났다.

야생 동물은 야생 동물답게, 인간은 인간답게
살아가려면, 적당한 거리를 유지하고 접촉하지 않아야
한다.

다가가고 만지고 죽이고 먹는 것은 야생 동물과
인간의 질서를 깨는 짓이다. 야생 동물을 모아둔 실내
동물원이나 카페가 속속 선을 보이고 있다. 거기서
야생 동물에게 곧장 다가가고 만지고 안고 논 아이들은
돌오름길 같은 숲길에서 노루를 비롯한 야생 동물들을
만나면, 적당한 거리를 유지하기 힘들 것이다.

내가 뒷걸음질을 치자, 노루는 내 어색한 동작을
물끄러미 보다가, 이해한다는 듯 혹은 가엾다는 듯,
고개를 한 번 끄덕이곤 돌아서서 15미터 정도 껑충
물러나곤 멈췄다. 나는 손을 가볍게 흔든 후 돌아서서
가던 길을 계속 갔다. 오늘 우리의 적당한 거리를
생각하면서.

쓰레기와 부모와 시 / 이슬아

쓰레기가 쓰레기인 시간은 그리 길지 않았다.
내 손에서는 그랬다. 나는 쓰레기를 잠깐씩만
만져왔으므로. 더군다나 쓰레기는 불과 몇 분
전까지만 해도 아직 쓰레기가 아니었으므로. 쓰레기란
내가 원하는 물질을 깨끗하게 감싸던 것. 손과
물건 사이의 얇고 가벼운 한 겹. 어느새 불필요해진
제품. 버리고 돌아서면 사라지는 기억. 그래서 아주
잠깐이었던 무엇.

그다음 단계에 종사하는 사람들이 있다. 나 같은
사람들이 잊은 쓰레기를 손으로 만지는 이들이다.
쓰레기와 관련된 어떤 노동자들은 밤에만 일해야
한다. 누군가는 쓰레기를 수거하는 과정을 보는
것조차 불쾌해할지도 몰라서. 자기 손을 떠난
쓰레기를 곧바로 혐오스러운 남의 일로 여기곤
해서. 충분히 어두워진 시간에도 잠들지 않고 골목
구석구석을 돌며 쓰레기를 가져간다. 나는 그들의
얼굴과 이름을 모르지만 내가 떠난 자리에 그들이

다녀갈 것을 안다. 쓰레기가 쓰레기인 시간이
그들에겐 짧지 않을 것을 안다.

또 어떤 쓰레기들이 있는가. 어느 동네든 의류
수거함이 하나씩 있다. 헌옷들이 쌓이는 함이다.
입다 버린 옷이나 작아진 옷이나 망가진 옷뿐 아니라
오물이 묻은 수건이나 옷이 아닌 쓰레기도 담긴다.
그 모든 게 한데 모여 '자원'이라는 곳으로 옮겨진다.
그곳에 가면 헌옷과 쓰레기만으로 이루어진 커다란
언덕을 볼 수 있다고 한다. 그런 언덕들이 있다는 걸
몇 번이나 들었는데도 나는 들을 때마다 놀란다.

거기에 올라 일하는 사람들을 안다. 그들 중 하나는
나의 엄마 복희다. 복희는 헌옷으로 된 언덕에서
무릎을 꿇고 손을 바쁘게 움직이며 일했다. 어떤
버려진 옷은 유달리 더럽다. 어떤 쓰레기가 특히
쓰레기인 것처럼. 더 이상 입을 수 없는 것들 속에서
복희는 다시 입을 만한 것을 찾아내 사 오고 깨끗이
손질하여 팔았다. 그 일을 하고 온 날에는 몸살을
앓곤 했다. 손이며 무릎이며 온몸이 욱신거린댔다.
나는 복희가 파는 옷들을 주로 입으며 자랐다.
아름다운 옷들도 많았다. 지금까지도 나의 옷장에

남아 있는 옷들이다.

너무 많은 옷이 너무 빨리 만들어지고 너무 조금 입은
뒤 너무 쉽게 버려지는 세상이라 복희가 오를 언덕은
언제고 계속 생겨났다. 더 이상 그 일을 하지 않는
지금도 복희는 새 옷을 잘 사 입지 않는다.

쓰레기로 된 언덕은 바닷속에도 있다. 거의 모두가
모르고 지나가는 쓰레기다. 바다의 바닥까지
내려가 본 사람들만이 그 쓰레기를 안다. 나는 아직
이야기로만 들어보았다. 누군가가 잠수복을 입고
공기통을 메고 몸 여기저기에 납 벨트를 찬 채로
입수한다. 수면 아래로 깊이 내려가기 위해서다.
지상으로 연결된 호스를 통해 숨을 쉬어가며 바닷속
쓰레기를 치운다. 산업 잠수사들의 일 중 하나다.
그들은 육지에서 하는 대부분의 막일을 수중에서도 할
줄 안다. 나의 아빠 웅이의 직업도 산업 잠수사였고 그
역시 물에 들어가 많은 쓰레기를 치웠다.

바닷속에서 어떤 쓰레기를 보았느냐고 내가 묻자
웅이는 보지 않았고 만졌다고 대답했다. 물속은 아주
탁하고 어둡기 때문이다. 쓰레기는커녕 자신의 얼굴

앞에 가져가 댄 자기 손조차 보이지 않는 어둠이다.
시야가 나오지 않는 광활한 찬물 안에서 웅이는
쓰레기를 치운다. 손으로 하나하나 만져가며 치운다.

보이지 않아도 만지면 알 수 있어. 자전거구나.
드럼통이구나. 페트병이구나. 캔이구나. 비닐이구나.

손에 눈이 달렸다는 말은 잠수사들 사이의 관용구다.
웅이는 익숙한 쓰레기들을 바다 위로 올려 보낸다.
그는 생생한 악취를 맡는다. 바닷물의 냄새를.
쓰레기의 냄새를. 오염된 물의 냄새를. 나는 쓰레기
언덕에 올라보지도 바닷속 쓰레기를 만져보지도
않았다. 그러나 쓰레기가 쓰레기인 시간이 내
부모에게 결코 짧지 않았음을 안다.

그리하여 이 쓰레기를 가장 오래 겪을 이 세계를
생각한다. 세계는 우리 모두를 품고 있기 때문이며,
썩지 않은 무수한 것들과 함께 미래로 가는 중이기
때문이다. 어떤 쓰레기는 거북이의 콧구멍에 꽂히고
바다사자의 목을 조르고 돌고래의 배 속을 채우고
아기 새의 목구멍에 들어간다. 어떤 쓰레기는
수출되었다가 돌아오고 어떤 쓰레기는 방대한 섬이

되고 어떤 쓰레기는 내일도 생산되어 내 손을 잠깐
거친 뒤 잊고 싶은 곳에 쌓여갈 예정이다. 내가 배운
언어가 적힌, 익히 아는 쓰레기들이다.

모두가 버리지만 모두가 치우지는 않는 세계에서
어떻게든 해보려는 사람들이 있다. 어쩔 수 없다고
말하지 않는 이들이 있다. 쓰레기가 잠깐이 아니라는
걸 똑바로 보는 부모와 자식과 자식의 자식과
노동자와 옷가게 주인과 잠수사와 소설가와 시인과
친구 들이 있다. 그리고 당신이 있다. 우리는 헤아릴
수조차 없다. 한 사람의 삶에 얼마나 많은 생이
스며드는지.

파티가 끝난 뒤 / 손아람

어스름한 저녁이었다. 남산 중턱에서 파티가 벌어졌다.
서울타워의 뾰족한 그림자가 지나가는 곳이었다.
규칙 1. 먹을 음식은 각자 만들어 온다. 규칙 2. 남은
쓰레기는 모두 가져간다.

거기엔 배우도 있었고, 작가도 있었고, 화가도
있었고, 디자이너도 있었고, 회사원도 있었고, 황금빛
털을 가진 개도 있었다. 체크무늬 식탁보를 덮은
나무 테이블 위에 와인과 사케와 맥주와 소주가
놓였다. 토마토소스를 바른 라자냐와 꿀을 바른 돼지
등갈비구이, 시금치를 올린 피자와 시금치를 말아
넣은 김밥, 오븐에 구운 호밀빵과 흑식초를 띄운
트러플 오일도 놓였다. 테이블 아래에는 커다란 봉투
세 개를 내려두었다. 음식물 쓰레기봉투, 재활용
쓰레기봉투, 일반 쓰레기봉투였다.

파티가 끝났을 때 논쟁이 생겼다. 이것은 음식물
쓰레기인가, 아닌가. 이것은 재활용 쓰레기인가, 아닌가.

"먹기 싫은 것은 음식물 쓰레기, 먹을 수 없는
것은 일반 쓰레기, 먹으면 큰일 나는 것은 재활용
쓰레기입니다."

배우가 자신만만하게 말했다. 우리는 그 기준으로
쓰레기를 분류해 나갔다. 시들어버린 시금치는 먹기
싫어서 음식물 쓰레기였고, 갈비뼈는 먹을 수가
없어서 일반 쓰레기였으며, 맥주병은 먹으면 큰일
나기에 재활용 쓰레기였다. 하지만 고민이 말끔하게
해결되진 않았다.

달걀껍질은 먹기 싫은 것인가, 먹을 수 없는 것인가.
생분해성 석유화합물은 먹을 수 없는 것인가, 먹으면
큰일 나는 것인가. 수박껍질은? 부분적으로 오염된
종이는? 개의 머리를 부드럽게 쓰다듬으면서 화가가
말했다.

"먹기 싫은 것에 섞여 들어간 먹을 수 없는 것은
동물의 입에 들어가고, 먹을 수 없는 것에 섞여 들어간
먹으면 큰일 나는 것은 인간의 입에 들어갑니다."

나는 여전히 하루 다섯 번씩 쓰레기통 앞에서 고민과
혼란에 빠진다. 아무려면 어때, 라는 말이 턱 끝에
걸릴 때가 있다. 그때마다 늙은 화가의 현명한 조언을,
밀밭처럼 보이는 털을 휘날리던 그의 사랑스러운 개를
떠올리며 검색을 해보기로 한다. 어쩌면 쓰레기통에
사진을 붙여둬야 할지도 모르겠다.

동물당

3부에 실린 동물주의자 선언은 2018년 7월 7일 서울혁신파크에서 개최된 '동물축제 반대축제'에서 낭독되었다. 이 안티 축제는 살육 체험장과 다름없는 반생명 반생태 반교육적인 전국의 동물 축제에 대한 대안을 제시하며 동물권의 사각지대를 조명했다. 이어지는 동물당 소개, 강령 등은 2020년 일민미술관에서 열린 『새일꾼』 전시에서 선보인 이동시의 작품 「동물당 매니페스토」를 구성하는 텍스트들이다. 이 전시는 민심에 해당하는 비인간 동물의 마음을 해독하는 영상 「동물심 번역기」, 동물들에게 투표권이 주어진 조건을 가정하여 종과 개체마다 그에 맞는 형식과 플랫폼, 인터페이스의 필요를 드러낸 설치 작업 「동물들은 어떻게 투표하는가」(뒤 면지 참조), 퍼포먼스 「동물당 창당 대회」 등의 작품을 통해 정치로부터 소외된 존재들의 정치성을 드러냈다.

동물을 위한 나라는 있다

한 인간동물의 동물주의자 선언

축제는 끝났다
이제 작작 좀 하자
작작 좀 처먹어라. 작작 좀 괴롭혀라.

우리는 오늘부터 동물주의자들이다.
나는 오늘부터 동물주의자이다.

동물주의자는 동물의 고통을 외면하지 않는다.
동물주의자는 동물을 통해 세상을 배운다.
동물주의자는 물고기가 아니라 물살이라고 부른다.
동물주의자는 인간만이 특별하다는 우월감을 버린다.
　　우리 모두 지구라는 한 배를 탔음을
　　모든 동물들이 선원처럼 각자의 역할을 열심히 수행하고 있음을
　　우리는 그 배의 선장이 아님을
　　그러나 우리에겐 배를 침몰시킬 힘이 있기에
　　그 누구보다도 신중히 행동해야 함을
　　똑똑히 기억한다.

동물주의자는 그 어떤 동물도 폄하하지 않는다.
　　지렁이가 없어지면 토양이 망가진다.
　　벌이 없어지면 생태계가 망가진다.
　　인간이 없어지면… 지구가 번성한다.

동물주의자는, 그래서 겸손하다.
그래서 깊이 감사해한다.
그들의 존재에, 그들의 희생에, 그들이 매일매일 완수하는
임무에….

동물주의자는 진실을 인정한다.
동물을 먹지 않고도 충분히 건강하고 행복하게 살 수 있음을,
그러나 우리가 동물을 아예 희생하지 않고 살아갈 수는 없음을,
그러나 지금보다 백배, 천배, 만 배는 덜 희생시킬 수 있음을.

동물주의자는 직시한다.
우리가 하는 작은 행동이
무심코 버리는 플라스틱 하나, 고르는 메뉴 하나가
동물들을 살리고 죽임을.

동물주의자는 매일매일 배운다.
늑대에게 의리를, 소에게 평정심을,
고래에게 여행하는 법을, 개에게 감정 표현을,
얼룩말에게 길들여지지 않는 법을,
당나귀에게 뚝심을, 모기에게 집요함을,
비둘기에게 한쪽 발에 의지해 걷는 법을,
작디작은 넓적부리도요에게
주어진 게 적어도 절대 낙담하지 않는 법을.

동물들은 푸념하거나 불평하지 않는다.

나는 도살장에서 개를 구출하는 남자의 이야기를 안다.

그는 사람들에게 가죽을 뜯겨 죽어가던 한 강아지를 구사일생으로
　　　구출한다.
피투성이가 된 강아지는 동물 병원으로 달려가는 자동차 옆 좌석에서
　　　앉아
온몸에 피를 흘리면서도 눈만 껌벅이고 있었다.
아무도 저주하지 않는 표정으로…
강아지는 구별을 할 줄 알았다,
자기를 죽이려던 자와 자기를 도와주려는 한 인간을.
아니 어쩌면 그 강아지는
자기의 가죽을 뜯은 자에게조차
복수할 생각이 없었을지도.
그 사랑스런 강아지는 결국 과출혈로 죽었지만
그 영혼은 남아 있다.
나는 그에게 구별하는 법을 배웠다.
선한 의지를 사랑하고 악을 용서하는 법,
아니
최소한의 선에도 최대한 집중하는 법을.

인류는 지금 심각하게 병들었다.
다른 생명체들을 지독히도 괴롭히고 짓밟으며
아름다운 땅을 쓰레기와 사체로 메우고 있다.
그리고 이 나라는, 그 어느 나라 못지않게
끈질기고 광범위하게 동물을 무시하고 괴롭혀 왔다.
동물로서 이곳에 태어난다는 건 최대의 불행이리라.

하지만 희망은 있다, 우리에겐 반성력이 있기 때문에.
동물주의자에겐 뛰어난 반성력이 있어서

그 반성력으로 우리는 가르친다, 동물주의자가 아닌 사람들에게
　　　말이 아니라
　　　동물처럼 행동으로, 가르친다
　　　동물주의자가 된다는 건
　　　더 나은 사람,
　　　더 온전한 인격체가 되어가는 길임을.

무엇보다 동물주의자는, 우리가 동물임을 명심한다.
인간-동물로서
비인간-동물들에 대한 의무를 자각한다.

비인간-동물들의 지옥에서
인간-동물로 태어난 특권.
동물주의자는 이 특권을 책임으로 이해한다.

지금까지 우리는 외면의 천재였으나
이제부터 우리는 외면의 둔재로 둔갑한다.

오늘, 이 땅에 유일한 동물을 위한 축제,
동물에 의한 축제장에서
우리는 모두 한 마리 동물이 된다.

수많은 축제를 끝내기 위한,
하나의 축제가 탄생한다.

동물당 소개

비전
해방된 동물들, 회복된 기후, 절반이 재야생화된 지구.

미션
동물당은 동물에 의한, 동물을 위한 정치가 지구에서 영속하기 위해
복무한다.

핵심 가치
모든 동물에게 다음과 같은 권리를 보장하는 것을 지상 목표로
활동한다.

> 1. 신체적 구속으로부터 자유로울 권리
> 2. 행복을 추구하고 이를 대물림할 권리
> 3. 인간동물의 폭력과 침해로부터 보호받을 권리
> 4. 위 권리를 누리고 수호하기 위한 집회, 결사, 표현, 언론,
> 정치 세력화의 자유

구성과 조직
동물당은 여러 동물당들의 연합 정당으로 사실상 유일한 원내
정당으로 등극했다. 이로써 인간동물에게 국한되었던 정치는 동물
전반으로 확대되는 혁명적 전환이 이루어졌으나, 일각에서는 정치
행위의 주체가 여전히 동물에 국한되었다는 비판도 제기되었다. 너무
많은 것을 바라는 사람들은 어딜 가나 있다. 동물당은 곤충당, 조류당,
어류당, 파충류당, 양서류당, 갑각류당, 거미당, 포유류당, 절지동물당,

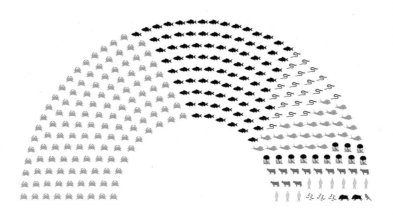

[동물당 의석수]

🦀 절지동물당 · · · · ·	126석(42%)	🐄 가축당 · · · · · · ·	12석(4%)
🐟 어류당 · · · · · · ·	87석(29%)	🧍 인간당 · · · · · · ·	9석(2.5%)
🐌 환형동물당 · · · · ·	24석(8%)	🪱 선충류당 · · · · ·	3석(0.8%)
🐛 연체동물당 · · · · ·	24석(8%)	🐗 야생포유류당 · · · ·	2석(0.3%)
🪼 자포동물당 · · · · ·	12석(4%)	🦅 야생조류당 · · · · ·	1석(0.08%)

환형동물당, 자포동물당, 연체동물당 등의 하위 정당으로 구성된다.
'가축당'의 경우 유례가 없는 핍박의 역사라는 특수성 때문에,
상징적인 기억의 차원에서 즉, '잊지 않기 위해' 당분간 그 당명을
유지한 채 의정 활동을 하기로 했다.*

　　동물당 체제는 기존의 의회 구성과 제도를 전면 수정한다.
생물량(biomass)을 기준으로 한 비례 대표제를 적용해, 각 하위
정당마다 의원 수를 배정하고, 추첨제를 적용해 의원을 뽑는다.
각자의 지역구(서식지) 사정 때문에 직접 의원 활동에 참여하기 힘든
경우, 대리인으로 하여금 의정을 수행하게 할 수 있다. 해상에서도

---

* 용어 설명 중 '축산동물' 항목 참조.

정치 참여가 수월해지는 날까지.**

20석 이상의 의원이 속한 하위 정당은 원내 교섭 단체를 구성할 수 있다. 소수 정당들은 필요할 경우 연합할 수 있다. 단, 포유류당에서 별도의 당으로 분리된 인간당 혹은 인간동물당의 경우, 더 잘게 쪼개질 수는 있어도, 연합은 2999년까지 금지된다. 즉, 원내 교섭 단체 성립을 사실상 불허한다.

의원의 임기는 4년이다. 동물당 지도부는 각 하위 정당의 대표 동물들로 구성되며, 대표 선출은 역시 추첨으로 결정한다. 이 지도부는 3년간 당을 주도해서 이끈다.

인간동물의 지배에 대항하여 형성된 연합 전선이므로, 인간 영향과 무관하게 발생하는 동물끼리의 경쟁과 분쟁에는 관여하지 않는다. 동물 간의 상호 작용은 당대에 사회·과학적으로 통용되는 생태적 원리와 생물 다양성 원칙에 준해 판단하고 해석한다.

가입

모든 동물은 동물당 당원으로서 천부 자동 가입된다. 가입을 거부하는 동물이 별도로 이의 신청을 해야 당에서 제명된다. 반대로 인간동물이 당원이 되기를 희망하는 경우, 가입 절차를 거쳐야 함은 물론 당비도 내야 한다. 이는 그동안 쌓아온 업에 대한 속죄의 의미를 금전적으로 환산한 금액이다.

운영

동물당은 자본이 아니라 생명 원리에 의해 운영된다. 반드시 자금이 필요한 경우에는 인간들이 이를 충당할 의무가 있다. 그들이 발명했으므로 책임을 지는 거다. 우리의 계산에 따르면, 주요 정책

** '신경망 정치' 참조.

33개 중 하나인 '동물 초상권료'의 확보와 확충만으로도 당비는
거뜬히 충당하고도 남는다. 어쨌든 동물당은 돈이 오로지 도구였던
자본주의 이전 시절로의 회귀를 지향한다. 애초에 '자본'을 중심으로
한 '주의'(ism)가 생길 수 있다는 자체가 인간의 머리에서나 나올 법한
천박한 발상이다. 하다 하다 돈 따위를 중심에 놓는 주의라니! 어쨌든
동물당은 돈으로부터 자유롭지만, 부득이한 경우 동물당 티셔츠
판매는 할 수 있다.

로고
동물당의 설립 초기에, 당 지도부에 소속된 거미당의 한 의원이
거미줄은 거미류가 아니라 '생명의 망'(web of life), 즉 생태계를
대표하는 상징이라고 설득하는 데 성공한다. 그 이후로 거미줄은
동물당의 상징으로 정착되었고, 이제는 아무도 문제를 삼지
않는다.(적어도 신경을 쓰지는 않는 듯하다.)

강령

1. 새로운 우리의 발명
⁻ 우리는 모두 동물이고, 모든 동물은 정치적 주체이다.

우리가 정치적 주체가 되는 순간 모든 인류 역사와 철학은 허구로
돌아가며, 존재, 인식, 윤리는 다시 쓰일 것이다. '우리'에는 동물당
강령에 동의하는 인간동물도 포함되지만, 인간예외주의자는
제외된다.

2. 차별과 차등 거부
⁻ 우리는 모두 존엄하고 평등한 존재이며, 차별과 차등을 거부한다.

동물 각각의 종, 지능, 수용 가능 감각, 감정의 풍부도, 평균 수명,
사회성, 영혼·영성의 유무 등은 차별과 차등의 척도가 될 수 없다.
그러나 인간동물의 경우, 동물당 강령에 동의하는 휴머니멀과 아닌
자들로 구분해 차별·차등 대우하기로 한다.

3. 천부의 동물 권리
⁻ 우리는 자연 생태계 속의 역할을 수행하는 모든 동물의 활동을 신성시한다.

동물이 스스로 생존과 자연을 위해 하는 일을 노동(labor) 이상의
작업(work)이자 행복 추구 행위(action)로 보고, 이를 누릴 권리를
옹호한다. 모든 동물은 종 특성에 맞게 건강하고 쾌적한 환경에서 살
수 있어야 하며, 그 삶이 인간동물에게 위협받아서는 안 된다. 모든
동물은 각 개체로서도 서로 고통을 외면하지 않고, 기쁨을 북돋아 줄
의무가 있고, 나아가 정치적 영역의 활동을 펼칠 수 있다.

4. 정상동물-이데올로기 NO!
→ 우리는 동물을 멋대로 규정하고 분류한 근대적, 계급적 사고를 거부한다.

특정 동물이 다른 동물의 정상성을 구획할 수 없다. 정상, 기형, 장애로
분류되는 동물, 즐거움을 주기 위해 훈련되는 동물, 먹히기 위해
사육되는 동물, 구경거리가 되기 위해 감금되는 동물, 인간동물의
건강과 미용을 위해 실험대에 오르는 동물, 다른 종에게 해가 된다는
이유로 죽어도 되는 동물이란 없다. 특정 동물의 소유권의 대상,
재물로서의 지위는 용납할 수 없다. 동물은 노예, 음식, 상품, 기계,
장난감이 아니다.

5. 해방을 위한 동물 정치
→ 우리는 인간이 가하는 모든 형태의 억압을 타파한다.

동물에 대한 일체의 폭력, 구금, 학대, 착취 행위에 단호히 대응하며,
이를 제압·저지하기 위해 집단행동을 할 수 있다. 집단행동의
최전선에서 우리가 억압 세력에게 맞서 행하는 저항권은 자연권이다.
불가피한 경우 폭력적 방식도 택할 수 있으나, 동물의 폭력은
인간동물의 그것처럼 야만적인 형태는 취하지 않는다.

6. 동물 우선주의
→ 지구 정상화 시점까지 동물 정책들이 최우선시된다.

동물에게는 법인격체로서 법을 만들고, 정책에 참여하고, 정책을
집행하고, 재판을 받고 또 받도록 할 권리가 있다. 기업에도 법인격을
부여하면서 동물을 배제시키는 것은, 인간의 머리에서나 나올 수 있는
후진적 발상이다. 특히, 현 기후 위기를 원상 복구할 때까지 인간당의
의제는 그 어떤 다른 동물당 정책에도 우선시될 수 없으며, 반대로 그
잘난 두뇌를 오로지 자연환경 회복을 위해 쓸 막중한 의무만 지닌다.

7. 세계동물대전과 강점기의 책임 심판
→ 우리는 전쟁의 희생을 기억하고, 하나의 희생도 당연시하지 않는다.

인간은 동물과의 전쟁을 선포한 이래, 애도하기에도 벅찬
아찔한 규모의 동물을 학살했다. 동물을 먹지 않고 살 수 있게 된
오늘날까지도 하루 평균 30억 마리의 동물 희생이 발생한다. 자연
현상에 의한 불가피한 희생들도 있는데, 이에 대해서도 인간은
반성하고, 감사하며, 구차하고 가식적인 변명으로 양심을 위로하려
들지 않아야 한다. 그러니 식탐, 유희, 오락 따위로 동물에게 불필요한
고통을 끼치는 행위가 설 자리가 없음은 말할 필요도 없다.

정책

2050년까지 아래의 33가지 정책을 모두
입법화 또는 제도화한다.

1. 「세계동물권선언」과 「동물권리장전」 채택
2. 헌법에 동물의 존엄성과 존중 의무 명시
3. 세계동물대전 전범 재판
4. 전쟁 피해 동물 배상금 지급
5. 특수 법원으로서 동물재판소 설치: 동물에게 법인격 및 소송의
   당사자성을 부여하고, 재판에서 충분한 조력을 받을 수 있도록
   필수적으로 변호인, 보조인, 동물심 번역가, 신뢰 관계 동물의
   동석, 동물이 안정적인 환경에서 재판받을 수 있는 출장 재판
   등의 장치를 추가한다.
6. 「재야생화법」 또는 「야생 자연 복원법」 제정: 인간은 인과응보,
   사필귀정, 결자해지의 정신으로 야생 동물 서식지를 복원하고
   이를 파괴하는 토건·운송 산업을 적극 규제한다. 불필요한
   도로나 개발 지역을 재야생화하여 동물에게 돌려준다.
7. 동물의 도살과 사냥 금지
8. 동물 매매 금지
9. 공장식 축산업 금지 및 소규모 축산업의 생크추어리 전환: 10년
   내로 공장식 축산업장을 모두 폐쇄한다. 생업 전환에 필요한
   지원과 도움을 제공한다. 농(공)장주가 "자식 같은 녀석들"이라
   칭하다가 도살하는 행위의 모순을 깨닫도록 교육하고,
   친-동물에 종사하는 행위야말로 윤리적이고 정의로운 삶의
   방식이라고 느끼게 하는 인간 훈련 과정도 정책에 포함된다.
10. 공장식 수산업 금지: 수산 금지 규정을 준용하면서 기존의

모든 지역 수산 관리 기구 내 어업 구역을 'no-take zone'으로
지정하고, 바다 휴면기도 지정해 해양 생태계를 복원한다.
해양 동물은 종류를 불문하고 포획을 금지하며 포획 시 강력
처벌한다. 단, 오지에 사는 인간동물들이 자연의 일원으로서
생계형으로 손으로 잡는 것만 (이 역시 단계적으로 폐지되어야
하지만, 한시적으로) 허용한다. 물론, 기계 사용과 같은 반칙
행위는 엄격히 금한다.

11. 「동물 착취 산업 금지 특별법」 제정

- 패션 산업: 동물의 가죽, 털, 비단 등을 대체할 혁신적
  소재들이 얼마든지 존재하므로 모피 산업, 가죽 산업과
  같은 섬유 산업은 즉시 중단한다.

- 전시 산업: 동물원과 수족관, 서커스의 동물들은 야생
  동물을 억지로 서식지로부터 분리하여 감금하고
  학대하며 착취하는 구조이다. 가령 돌고래 쇼를
  위해 먹이를 주지 않거나 고립시키거나 웃음거리가
  되도록 강요하는 '조련'의 과정은 폭력과 동의어이며,
  동물에게 모욕적인 일이다. 스트레스를 감소시키기
  위한 항우울제, 성생활을 통제하기 위한 호르몬제
  투여는 '중상해'에 해당한다. 사육사, 조련사, 연구원
  등은 지금까지의 업무에서 벗어나 동물을 집으로
  돌려보내는 일에 헌신하고 인간동물의 인식 개선에
  힘쓰는 업무로 전환한다.

- 체험 산업: 결핍과 격리가 당연시되는 삶, 지루하고
  권태로운 삶, 구타당하고 열악한 환경에 방치되는 삶,
  인간동물에 종속되는 삶 모두 허용되지 않는다.

- 동물 축제: 동물을 동원해 학대하고 살해하며 유흥
  용도로 이용하는 축제는 두말할 것 없이 금지한다.

- 폭력 산업: 투우, 투견, 투계 등 동물끼리 싸움을 붙이는 행위를 금지한다.

12. 「기후 위기 특별법」 제정: 동물 조상을 모욕하는 화석 연료 산업을 퇴출시킨다. 온실가스를 줄여 2030년까지 기온 상승을 1도 이내로 줄인다. "자기가 싼 똥은 자기가 치우기" 원리에 입각하여, 기후 위기 원상 복구를 위한 인간의 의무를 상세히 규정하고 이행 여부를 감시한다.

13. '동물 신경망 정치 시스템' 구축을 위한 지원: 동물의 정치 의사를 최대한 잘 반영하고, 추첨제 취지에 가장 잘 부합하는 정치 의결 제도를 구현하는 자동화 시스템. 당연한 얘기지만, 인간이 열심히 개발해 갖다 바친다.

14. 화폐 가치를 유한하게 만든다: 한번 획득한 돈의 가치는 10년 이상 존속되지 않는다. 상품권처럼 유효 기간이 있다. 이로써 현대 인간 사회 패착의 근원인 자본 축적의 싹을 싹둑 자른다.

15. 애니멀케어: 동물건강보험 '애니멀케어'를 도입해 동물 의료 비용을 공공화한다. 동물들은 인간처럼 툭하면 병원에 가거나 약에 의존하는 나약한 존재들이 아니므로, 인간 사회의 실패한 공공 의료 시스템과는 전혀 다른 선례를 보여줄 것이다.

16. 인간 산아 제한 실시: 진즉에 했어야 했다. 인간동물은 세 집 건너 한 집당 각 1명씩만 신생아를 낳을 수 있다. 아이를 가지고자 하는 세대에게는, 그렇지 않은 인간보다 환경 부담금 명목으로 최소 500퍼센트의 세금이 부과된다. 이렇게 거둔 세금은 동물 연금으로 들어간다.

17. 인간동물의 동물 공감 교육 의무화: 인간동물의 전 교과 과정에서 동물들의 존엄한 생명, 각 종의 경이로운 특성, 풍부한 감정을 필수 과목으로 가르치고, 동물 윤리와 동물 행동학 교육도 포함한다. 동물 실험·실습은 당연히 금지되며, VR과 같은

장비를 이용하여 동물의 시선과 감정, 고통을 체험한다.

18. 식물성 연료와 기름의 기업적 대량 생산 금지: 팜유는 무차별적인 열대 우림 벌채, 삶의 터전 파괴, 오랑우탄 등 수많은 동물의 멸종 위기 초래, 토착민 강제 이주 등 식물성이라는 이유로 긍정하기에는 너무 많은 환경적·윤리적 문제를 야기한다.

19. 「동물 초상권법」 제정: 지금까지 공짜로 동물의 이미지를 사용해 돈을 벌면서 동물의 안녕과 복지에는 기여하지 않은 모든 행위를 적발해, 해당 인간동물이 취한 부당 이득을 징수한다. '퓨마', '재규어' 등과 같이 동물을 허가 없이 브랜드화한 법인은 징수액을 최대 열 배까지 높일 수 있다.

20. 대규모 생크추어리 단지 조성: 공장식 축사를 모두 폐업시키는 동시에 축산동물들의 주거 대책을 마련한다. 기존 축산 시설에는 동물당 강령에 동의하지 않는 인간들을 입주시킨다. 그들에게 응징 차원에서 강제 재생산을 시킬 수도 있지만, 자연사하도록 방치하는 호의를 베푼다.

21. 동물 연금 조성

22. 탈에너지 정책: 전력 상한선제를 실시한다. 전기 따위는 인간이나 필요한 것이다. 아예 없애도 시원치 않겠으나, 백번 양보해 국가 단위로 적정 와트 내에서 쓰는 걸로 만족하도록 한다. 화석 연료나 원자력은 당연히 안 되지만, 풍력이냐 태양력이냐 어떤 재생 에너지냐 따위의 논쟁도 줄이고, 덜 쓰는 생활 방식으로의 변화를 동반하지 않으면 무의미하다. 왜 전기 없이 잘만 사는 동물들에게 배우지 못하나?

23. 축산동물을 유사 난민으로 규정

24. 「동물 성폭력 금지법」 제정: 축사에서 행해지는 강제 임신 또는 교배는 강간이다. 그리고 동물을 만지는 것도 추행이다. 어딜

함부로 만져?

25. 동물을 물건으로 취급하는 「민법」 전면 개정: 법무부 내에
    생각지도 못한 곳에 있었던 현행법상의 동물 무시 관련
    조항들을 샅샅이 찾아내 삭제하고 개정하는 별도의 전담 부서를
    설치하여 정부 입법으로 신속히 개정한다.

26. 모든 정부 부처 내 동물국 설치: 법무부에 인권국이 있는 것처럼
    부서마다 동물(권)국을 신설하고, 인간들은 매일 머리를 맞대고
    동물을 위한 분야·분과별 정책을 내놓는다.

27. 동물성 식품 없는 식단 의무화: 학교, 군대, 병원, 생활 시설,
    교도소 등에서부터 질 좋은 채식을 하도록 강제해 사회
    전반으로 확대해 간다. 결과적으로 모든 가계의 의료 비용도
    줄이는 윈윈 정책이라 확신한다.

28. 「처리 산업 발전법」 제정: 기존에 바보처럼 잔뜩 만들어놓은
    산업 체제를 환경 악영향 없이 제거하고 폐기하는 기술을
    지원하는 제도 마련.

29. 동물 문화, 체육, 여가, 휴식 공간 설치 의무화

30. 아마존 등 대형 우림을 세계 공통 유산으로 지정해 공립 공원화

31. 공공 동물 보호 센터 확충: 아프고 힘든 동물들을 구조하고
    돌보기 위한 중앙 및 지역 동물 보호 센터를 설치하고, 동물 구조
    핫라인을 설치하며, 의료 및 돌봄 인력을 확충한다.

32. 동물 응급 치료 기관 지정 및 확대

33. 도시 재개발 지역 내 동물 구조 및 보호 의무화

자주하는 질문

Q. 당의 실체는 무엇인가?

동물당은 실재와 가상 사이를 유영하고 있음을 숨기지 않지만, 우리는
'상상 속'의 단체가 아니라, 상상이 실재가 되는 길목에 위치하는 정치
공동체이다. 왜냐면 동물당은 가상(하는 것 같은) 실재가 아니라,
실재하는 가상이기 때문이다.

Virtual Reality ‹ Real Virtuality
(이는 3D 기술에서 말하는 현실 가상과 다르다.)

동물당은 이미 존재했거나 적어도 존재에 매우 가까운 상태로 있었다.
다만 인간의 시력이 잡아내기 좋은 외적 형식이 부여되지 않았을
뿐이다. 그러한 면에서 실재하는 가상이다. 따라서 지금 당장 동물당
후보가 벽보에서 눈에 띄지 않고, 기표소 투표 용지에서 발견되지
않는다 하더라도 의심하거나 실망해서는 안 된다. 그것은 당원들과
지지자들이 더욱 분발해야 한다는 사실을 한층 강하게 주지시킬 뿐이다.
동물당 후보는 이미 거기 있다. 우리가 각 동물 후보에게 무지했던 빚을
갚는 데 인색했던 시간만큼, 그들의 입후보는 지연될 것이다.

Q. 왜 미술관에서 창당하는가?

동물당 창당은 미술관에서 시작한 정치 운동이다. 그러나 동물당은
미술 작품이나 해프닝이 아니며, 퍼포먼스도 아니다. 인간

중심주의라는 성안에 들이려는 트로이 목마다. 견고한 방어를 뚫고 성안에 진입해 인간 중심주의를 해체하려면, 그 핵심부터 노릴 필요가 있다. 핵심은 다름 아닌 정치, 그중에서도 선거 제도이다. 2020년 1월, 우리는 선거에 관한 '약한 고리'가 미술관에서 발견됐다는 정보를 입수해 그 통로로 목마(정확히 말하면 '목웅', 즉 나무로 된 곰)를 들이려는 중이다. 진짜 폭탄은 곰 안에 있다는 것을 아는 사람은 없다. 첫 진입로가 하필 미술관이라서 오는 한계도 있다. 공간의 특수성 때문에 아무리 진지한 유권자라도 단순 관객으로 전락하기 쉽다. 우리의 모든 노력이 이 황무지에서의 동물당 창당에 당장, 적극적으로 이용되기를 노골적으로 희망하는 입장에서는 이것도 걸림돌이 아닐 수 없다. 그러나 조급함 때문에 현실에 갇히는 대신, 상상을 가능한 한 확장할 수 있다는 장점에 주목해 본다면 미술관이라는 공간도 과히 나쁘지 않다. 현실에 발을 디디면서 점점 시야가 좁아지는 건 시간문제일 테니.

Q. 동물당 창당의 부수적인 효과는?

인간도 동물의 안녕을 위해 복무하는 과정에서 스스로 진정한 해방을 경험한다.

Q. 기존 동물당들과의 관계는?

매우 독립적이며 확연히 차별화된다. 유럽을 중심으로 한 제도권 내의 동물당들은 동물을 위한 주변적인 정책들에 한정되었다. 소수 중의 소수 정치 세력으로 인식돼 온 제도권 내 '동물 관련 당'들과 달리, 우리 동물당은 압도적인 유권자 수를 내세워 인간동물들에게 휘둘리지 않는 정책들을 입안하여 절충이나 타협, 에두르는 과정 없이 직접적이고 즉각적으로 동물 해방에 기여할 수 있는 세계를 지금-여기에 창조해 나간다.

Q. 이 내용을 퍼다 나르고 싶다면?

동물당의, 고유하다고 말하고 싶으나 꼭 그렇다고 할 수는 없는 모든 개념, 생각 그리고 행동은 동물 해방의 목적을 위해서라면 당연히 사용할 수 있다. 널리 퍼뜨려 달라. 다만, 인용을 하면서 문맥을 저버리거나, 강령이나 창당 취지를 왜곡하는 행동은 당의 윤리위원회의 결정(과 기분)에 따라 엄중히 징계될 수 있다.

Q. 동물당 관련된 추가 질문은 누구에게 하면 좋은가?

전자 메일(edongshi@gmail.com)로 동물당의 인간동물 대리인에게 할 수 있다. 단, 인간 사회에서나 통하는 친절이나 서비스 정신 따위는 기대하지는 않는 게 좋을 것이다. 그런 기대감이 인지될 경우 간단히 무시할 것이다. 동물당에 가입한 인간동물에게는 예외적으로 호의적이지만, 인간에 대한 우리의 기본 태도는 아래 말에 잘 요약되어 있다.

"당신들이 이에 대해 어떻게 생각하던 간에,
역사는 우리 편이다. 우리는 당신들을 묻어버릴 것이다!"*

---

* 니키타 흐루쇼프가 1956년 서방 대사들에게 한 발언으로 원문은 다음과 같다.
Нравится вам или нет, но история на нашей стороне. Мы вас закопаем!

197

용어

동물/동물주의

'동물'이란 경계가 흐리고 불완전하며 편의상 사용하는 경과적 개념으로, 우리에겐 극복의 대상이다.

"신경 기관과 중추 신경계를 가지고 살아 움직이며 항상성을 추구하는 지구상의 생물"이라고 사전적으로 단순하게 정리되는 동물이란 개념은 그러나, 하나의 말 아래 묶어놓을 수 없는 복잡다단한 현상이자 운동이다. 모든 개별 동물의 존재가 선명히 떠오르고 각각의 삶이 구체화되는 전지적 시점이 가능하다면 이 개념어의 사용을 둘러싼 문제는 자연스럽게 해소될 것이다. 우리는 동물이라는 말을 쓰면서 몇 종류의 동물을 떠올리는 데 그칠 뿐 전체를 아우르는 데 번번이 실패한다. 그래서 동물은 핍진성이 있는 허구이기도 하다. 동물이라는 픽션이 있다면, 그 이야기는 함께 존재하고 관계하는 모든 다른 존재자들의 공존에 관한, 끝없이 정립해 가는 과정이자 확장해 가는 이야기이다. 동물이라는 말을 쓰는 유일한 이유는 더 나은 말을 발견하지 못해서이지만, 불만을 품으면서도 여전히 즐겨 쓰는 다른 말들처럼, 그

어떤 대안이 나오더라도 그만의 문제가 생기리라.

인간동물/휴머니멀(Humanimal)

동물당은 맥락상 반드시 필요한 때가 아니면 인간동물과 동물을 구분해 쓰지 않는다. 이는 정치적으로 올바른 언어 사용과 언어의 경제성 사이에서 발생하는 흔한 고민 때문만은 아니다. 동물을 '비인간 동물'로 부정적으로 정의하는 것이 못마땅할 뿐만 아니라, 동물당원이라면 그 사람이 호모 사피엔스라 하더라도, 자신이 하고 많은 동물 중 하나일 뿐이라는 사실을 주지하고 있기 때문에 구분할 필요조차 못 느끼는 것이다. 그러나 현실은 동물과 인간동물의 권력 관계가 보기 드물 정도로 기울어진 운동장 위에 견고히 구축된 피지배-지배 관계인 것이 사실이므로, 우리 당원들에게 당연하다고 해서 대중적으로도 그 인식 차가 존재하지 않는 양 행동할 수 없는 것 또한 사실이다. 즉, 동물당은 한편으로는 미래가 지금-여기 이미 도래한 것처럼 살아야 하고, 다른 한편으로는 현실을 직시해야 하는 이중의 부담을 짊어진다.(그렇다고 다른

정치적 세력이 무심코 사용하는 "현실에 단단히 뿌리를 내리고"와 같은 비유는 당연히 쓰지 않는다. 동물은 식물이 아니며, 뿌리 따위는 내리지 않는다.)

한편, 동물당의 강령과 지향에 동의하는 동물당원 인간을 편의상 '휴머니멀'이라고 부르나, 아직 널리 쓰이는 말은 아니다.

자연
인간 활동에 유의미한 영향을 받지 않는 상태의 자연 환경을 의미한다. 동물당은 사회 생물학자 에드워드 윌슨이 『지구의 절반: 생명의 터전을 지키기 위한 제안』에서 천명한 "지구의 절반을 자연에 위임하라"는 제안을 수용한다. 비례로 따지자면 90퍼센트 이상을 자연에 돌려줘도 모자라겠지만, 첫 번째 단계로서는 합리적이라고 본다. 물론 여기서 절반이라고 함은 육지 면적의 절반을 말한다. 바다는 따로 논의되어야 하고, 아마도 타협의 여지는 육지보다 적다고 하겠다.

재야생화(Rewilding)
인간 활동에 유의미한 영향을 받는 상태의 자연 환경이 받지 않는 상태로 돌아가는 것, 대규모의 생태계 회복을 말한다. 인간 활동 때문에 고립되어 파편으로 존재하던 야생 자연 공간들이 연결되고 생태계 파괴 이전에 살던 동물들이 돌아오면서 재영토화가 이루어진다. 많은 이들은 그런 세계를 상상조차 못 한다. 예전에 어땠는지 전혀 기억하지 못하기 때문이다. 유럽 대륙과 영국이 원래는 숲 코끼리, 코뿔소, 사자 등 거대 동물(megafauna)들이 활보하던 우림 식생대였다는 것, 아메리카 대륙에 흑곰 크기만 한 비버가 살았다는 것…. 환경 저술가 조지 몽비오에 따르면 재야생화는 환경 생태 운동에 꼭 필요한 긍정적인 기운을 불어넣어 준다. 늘 무언가를 반대하던 입장에서, 적극적으로 긍정하고 지향하는 세계를 추구하고 상상하도록 해준다.

축산동물
모든 동물은 야생 동물이다. 그러나 목축, 축산업의 도입에 의해 탄생하고 길들여진 동물들도 존재한다. 수대에 걸친 인간의 식민화 정책의 결과, 이들은 많은 경우 먹이 찾기, 기후 예측, 차폐 기술이 퇴화되어 기존의 식량 공급·주거 체계에 의존하지 않고 야생 상태에서 수월하게 살아갈 수 없다. 이렇게 특수한 역사적 조건 때문에 그들에게는 인간동물을 우선적으로 심판하고 그들로부터 배상받을 권리가 있다. '축산동물, 가축'이라는 치욕스러운 이름을 당장 지우지 않고 유지하기로 한 결정에는 바로 그 역사가 온전히 청산될 때까지 단 하나의 희생도 잊지 않겠다는 결의가 담겨 있다.

사람/사람됨

인류학자 마셜 살린스의 말처럼
"모든 인간이 깊은 곳에서 동물인
것이 아니라, 모든 동물이 깊은
곳에서 인간이다." 동물은 인간이
아니지만, 동물과 인간은 모두
사람(person)이다. 그러므로 사람됨
또는 사람다움(personhood)을
공유한다. 통상적으로 인격체라고
번역하는 이 말에 사실 '인'을 굳이
붙일 필요는 없다. 동물에게서 '사람'을
보는 세계관은 아메리인디언들의
그것과 유사하다. 어떤 아마존
아메리인디언 부족의 우주론에
따르면 인간을 포함한 모든 동물들은
스스로 사람이라고 믿는다. 인간도,
재규어도, 독수리도, 따삐르, 패커리
모두 각자의 입장에서는 다 사람이다.
재규어에게는 인간도 패커리이며, 피는
적포도주이다. 이 상대주의는 인격체를
호모 사피엔스에게 국한시키는 협소한
인간관에, 아주 오래전부터 콧방귀를
뀌고 있었다.

동물됨

인간동물과 비교되는 동물만의 미덕.
긍지, 품위, 초연, 불굴의 자세…
열거하자면 끝도 없다. 그러나 특히
강조하고 싶은 미덕이 있다면 불평하지
않는 것, 자기 연민이 없고 징징대지
않는 것. 우리는 노예 노동 착취가
기승을 부리는 그리스의 산토리니
언덕에서, 가혹하리만치 무거운 짐을
지고 비탈길을 올라가던 노쇠한 한
당나귀 동지를 기억한다. 연거푸
쓰러지면서도 그는 잠시도 주저앉지
않고 다시 무릎을 디디고 일어서려
했다. 우리는 그렇게 치열하게
살아남았고, 이제 보답의 시간이
머지않았다.

법적 지위 / 법 앞의 평등

동물은 법적 인격체이므로 재판을 받을
권리와 재판을 하도록 할 권리가 있다.
현행법에서 법인의 지위를 획득한
회사나 단체보다 훨씬 더 자명한
권리를 지닌다고 해도 과언이 아니다.
중세 시대까지 존재했던 동물 재판도,
동물을 움직이는 기계(automata)로
치부한 근대 합리주의와 계몽주의의
등장과 함께 완전히 사라졌다. 노예
해방 운동의 상징이 된 구속적부심
신청제(writ for habeas corpus)는
사회적 약자의 법적 신변 자유 보장을
위해 마련된 제도로, 실제로 미국
대법원은 동물원에 갇힌 침팬지에 관한
재판에서 인신 보호 영장을 발동한
사례가 있다. 이는 법인격체 부여를
의미하는 동시에 시민 권리 확보의
초석으로도 해석된다.

전범 재판

착취 목적과 종의 차이를 이유로
동물을 조직적으로 학살한 전대미문의

전쟁, 세계동물대전. 지구 역사상 유례를 찾아볼 수 없는 규모이다. 석유 재벌, 육류 회사, 포경 산업 같은 주동자에서부터 자기 집 강아지를 학대한 잡범까지… 가담 정도에 따라 상이한 책임을 묻지만, 죄가 아무리 작아도 면죄부를 줄 수는 없다. 그만큼 그 죄가 중하다 하겠다. 만약 우주에서 날아온 유성들을 공룡 멸종의 책임으로 재판한다 해도, 그 죄가 인간 전범자만큼 크지는 않을 것이다. 피고인 목록이 끝없이 긴 만큼, 재판도 끝을 모르고 계속된다. 재판 순서를 기다리다가 죽는 인간에겐 행운이 있으리!

전범 재판에 있어 나치 독재 정권을 심판한 뉘른베르크 재판(1945~1949)은 주요 참고 사례다. 현재 비스바덴에 위치한 헤센주 중앙기록보관소에 보관된 총 454권의 파일로 구성된 재판 기록에는 319명의 증인(아우슈비츠-비르케나우 집단학살수용소의 생존자 181명과 수용소 직원 80명, SS, 경찰 등 포함)이 진술한 430분 분량의 증언이 녹음된 103개의 녹음테이프도 포함되어 있다. 사료적 가치를 높이 평가받는 이 자료들과 비교도 안 될 정도로 많은 양의 증거들이 지금 이 순간도 세계동물대전을 생생하게 소상하게 기록하고 있다. 놀랍게도 그중 상당수는 전범들이 단순히 재미 삼아, 심심풀이로 자신의 소셜 미디어 채널에 올려놓은 동물 사체 사진들이라고 한다.

정치적 의사

동물들은 몸짓에 의해 정치적 의사를 드러낸다. 이를 정치적 몸짓이라고 하는데, 그 몸짓을 읽는 것은 모든 정치가나 집단에게 꼭 필요한 자질이다. 민심이 아닌 동물심(心). 당연히 동물심은 동물의 숫자만큼이나 다양하지만, 동물당 핵심 가치에 강조된 권리들에 있어서는 공통된다.

번역

모든 동물당원은 동물심을 충실하고 성실하게, 원뜻에 가장 가깝게 번역할 의무가 있다. 그래서 인간 당원은 보통 동물권 운동가처럼 인식되지만, 본질적으로는 '동물심' 번역가의 역할을 담당한다고 보면 된다. 기계적 번역이 아닌 움베르토 마투라나의 표현을 빌리자면 "발과 신발의 사이에서 일어나는 의사소통 행위" 같은 번역이 요구된다. 번역 과정에 개입하는 행위 주체들은 때로는 저항을 한다. 이 저항은 번역의 극복 대상인 동시에 그 자체로 번역의 일부이기도 하다. 번역에는 눈 깜짝할 때마다 오역이 발생하므로, 번역이 반역이 되는 것 또한 순식간의 일이다. 예기치 못한 살벌한 결과로 이어질 수 있다는 긴장감 속에서 번역은 살얼음판 위를 걷듯 위태롭게 이뤄지고, 각 동물의 의사는 가까스로 대변된다.

대표성

인간동물들은 대표자를 선출해 그들로 하여금 정치적 의사를 결정하게 하는 대의제의 원리에 지나치게 익숙해져 있다. 동물들은 정치적으로 무정부주의 성향이 지배적이라고 알려졌는데, 이 점은 아메리인디언들과도 비슷하다. 인류학자 에두아르두 비베이루스 지 카스트루에 따르면 아마존 원주민들의 경우, 한 부족의 견해가 대표(추장)에 의해 대변되지 않는다는 생각이 보편적이라고 한다. 하물며 어떤 견해가 원주민 전체를 대표한다고 상정하기는 더 어려울 것이다. 이는 아마존의 생활 방식과 관련이 있는데, 추장이 하는 소리가 썩 마음에 안 들면 간단히 해먹만 싸들고 다른 숲으로 가버리면 그만이었기 때문이다. 그러나 이런 원주민들도, 무자비한 과두제 자본주의(capitalist oligarchy)와 맞서는 데 있어서만큼은 대표성 있는 목소리를 필요로 했다. 유명 인사가 된 라오니 추장 같은 이가 그런 역할을 맡은 사례이다. 이런 식으로 한 개인에 의해 대표되는, 통일된 메시지를 내보내는 의사소통 방식은 아메리인디언들의 아나키스트적인 본성을 거스르는 부분이 있음에도 불구하고 공통의 적 때문에 받아들여진다. 동물들의 경우도 종 또는 개체군 전체의 의사가 이와 유사한 방식으로 대표·대변된다. 인간중심주의라는 공통의 적에 대항하기 위한 잠정적 대표성이다.

언뜻 근대 국가는 워낙 커다란 규모 때문에 부족보다 훨씬 복잡다단하여 일반화하기에 어려운 단위처럼 여겨진다. 그러나 배타적 신(新)부족주의가 도래한 현시대가 적나라하게 보여주듯 여전히 부족주의를 벗어나지 못했다고 보는 편이 정확하다. 그런 맥락에서 바퀴벌레, 오징어, 한국인 또는 아마존의 과쟈자라 부족 모두, 각 집단을 일반적으로 대표한다는 의사가 있다고 한다면, 그것은 태생부터 턱없이 불완전한 것일 수밖에 없다. 이것은 우리가 외국인을 접할 때 흔히 범하는 실수와 닮았다. 내가 만난 스웨덴인 한두 명으로 스웨덴이 규정되는 오류. 이 모든 불완정성을 감안했을 때, 어느 동물당의 대표로서 발언할 시에는 그 동물 집단의 생물학적, 문화적, 정치적 이익을 보편적으로 대변하는 동물-되기의 최대치에서 발언하되, 발언 후 반드시 여러 차례 비판적 자기반성을 거쳐야 한다.

종

종은 생물학적 개념이다. 동물 종을 정치적인 개념으로서 쓸 때(즉 '절지동물당', '파충류당' 등 종을 기반으로 당을 구성할 때) 우리는 종을 인간 사회의 부족 개념과 유사하게 쓰는 것이다. 가령, 한 부족의 대표가 발언을 했다고 해서, 또 부족의 일반적인 견해가 대략 어떻다고 해서 그 구성원 전부가 똑같이 생각할 거라고 가정하지 않는다. 할지도 모르지만 그런 일반화는 성급하다는 평가를 받을 것이다. 우리는 동물 종에 대해서도 그런 이중적이고 암묵적인 잣대를 적용해야 한다.

개체와 생명 다양성

동물당의 각 하위 정당은 비록 종 위주로 구성되지만, 개체 하나하나의 삶과 권리에도 무게를 둔다. 어떤 때는 한 마리의 쇠똥구리가 한 개미 부족 전체보다 중요할 수 있다. 한 동물이 다른 동물과 극단적으로 대립하는 상황에서도, '인간예외주의'처럼 한쪽을 절대적으로, 손쉽게 우선시하지 않으며 다양성에 입각해 신중히 판단한다. 현실 정치가 그것을 허용하지 않을 때가 많지만, 우리는 기회가 될 때마다 종 중심적 사고에서 벗어나 개체에 초점을 맞추고자 한다. 종의 경계에 있는 동물들이 이런 접근의 중요성을 종종 환기시킨다.

다양성 역시 종 중심적 사고를 벗어난다. 즉, 종 다양성이 아니라 생명 다양성이다. 가령, 한 종의 멸종을 생물학적으로 막았다고 대수가 아니다. 살아남은 개체의 삶의 질과 결이 중요하다. 단지 겨우 생존하는 것 이상으로, 모든 생명이 활생·약동(thrive)하는 것이 동물당의 궁극 목표다. 숫자의 많고 적음에 의해 가치가 결정되기보다, 각 동물이 처한 문제의 절실성, 설득력, 위급성, 그리고 그 개체가 지향하는 세계의 중요성과 풍요로움이 판단을 좌우지할 수 있다.

대리인

지금까지의 '동물권 옹호'는 주로 인간이 동물의 후견인 자격을 자처하면서 이루어졌다. 본래 취지와는 무관하게, 이 후견인 논리는 동물을 주체적으로 판단할 수 없는 객체로 전락시키는 우를 범했다. 그래서 나온 것이 대리인이었다. 대리인의 자격은 (위에서 언급한) '동물심'의 번역뿐 아니라, 동물의 의사를 인간의 사회 제도 속에 반영하고 집행하도록 하는 역할의 필요성 때문에 중요해졌다. 즉, 인간의 쓸모를 동물의 충실한 대리인으로서 규정하는 시각이 대두된 것이다. 그 대표적인 예가 고양이 '집사'들이다. (그렇다고 모든 자칭 집사들이 실제로 충실한 대리인의 역할을 수행한다는 말은 물론 아니지만, 적어도 이 부류의 등장은 견고했던 주인-애완동물 관계를 역전시키는 신호탄이기는 했다.) 동물당은 현실 정치에서 인간동물의 역할을 '필요에 의해 써먹기 좋은 동물의 대리자'로 한정하고, 그 이상으로 나대는 행동은 철저히 경계한다. 인간은 그 미션을

고분고분 수행하며 그 과정에서 희생이 따르면 당연시한다. 수천 년 동안 인간은 두뇌는 영민하나 판단력이 극히 나쁜 존재임을 의심할 여지없이 입증해 왔으므로, 절대 선장의 역할을 맡거나 키를 잡아서는 안 된다. 대리인은 어디까지나 대리인일 뿐이다.

인간 해방

혹자는 질문할 수 있다.(아마도 질문하기 좋아하는 인간동물이 손을 들었을 게 틀림없다.) "그렇다면 인간에게는 해방의 길이 아예 없을까요?" 아예 막힌 것은 아니다. 인간이 수천 년간 해온 질문이 "인간을 위해 동물을 어떻게 써먹을까"였다면, 이제는 거꾸로 "동물을 위해 인간은 무슨 쓸모가 될 수 있을까? 죽어 사라지는 것 이외에?"라는 질문에 충실히 답하며 산다면. 또 그 삶이 수대에 걸쳐, 수백 년, 어쩌면 수천 년에 걸쳐 지속되며 소정의 임무를 완수한다면. 그때가 되면 비로소 인간도 역지사지가 무엇인지 체감할 것이며, 그런 고통스런 '동물 되기'를 통해 어쩌면 해탈(vimoksha)도 가능할 것이다.

동물 정치

동물 정치는 인간동물의 이익과 동물의 이익이 충돌하는 지점에서 주로 발생한다. 원시 사회에서는 인간과 동물 공동체가 어느 방향으로든 격차가 훨씬 덜했으나, 근대 이후 동물의 이익이 인간의 이익에 종속된다고 전제하면서부터 걷잡을 수 없는 갈등이 발생했다. 그리하여 다시, 동물 정치는 동물과 인간의 이익에 불변의 우위가 없다고 전제하고, 굳이 우위가 있다면 지금까지 해먹은 인간이 당연히 양보를 할 때임을 환기시킨다. 이 전제를 관철시키는 것이야말로 동물 정치의 정의이며, 동물 정치가 공적 정치를 주도해야 할 이유다.

동물적 민주주의/추첨제

추첨은 투표보다 원초적일 뿐만 아니라 더 민주적이다. 민주주의의 핵심인 임의성이다. 누구나 할 수 있으며, 그 누구도 어떤 누구보다 더 큰 정치적 힘이나 자격이 주어지지 않았다. 또, 민주주의의 핵심은 교체 가능성이다. 위정자를 바꿀 수 있고, 제도를 바꿀 수 있고, 해석을 바꿀 수 있다. 민주주의의 원류 고대 그리스에서는 국정 운영을 맡을 시민들을 추첨제로 뽑았다. 현대 미국 연방 법원의 배심원도 추첨으로 뽑힌다. 자크 랑시에르는 민주주의와 대의제의 위기를 지적하면서 추첨제를 제안했다. 추첨에 의한 정치는 평소 정치의 주체로 호명받지 못한 개인과 집단에게 권한을 부여하는 문을 여는 하나의 열쇠로 작용할 수 있으며, 이 열림으로 인해 연쇄적으로 일어나는

후보군 확장의 흐름은 동물 정치에
유리하다. 자기 이름표를 추첨 기계에서
꼽을 수 있는 방식을 각 동물의 특성과
서식지에 맞춤형으로 제공할 수 있다면.

동물당은 현재 절충안으로서의
대의 민주주의를, 불만에 가득 찬
상태로 부분 수용하지만, 한편으로
최대한 단시일 내에 급진적 변화를
꾀하고 있다. 비례제에 의해 동물의
최소 쿼터가 처음부터 보장된 상태에서
추첨제로 가는 직접 민주주의를
지향하면서. 그러나 인간동물처럼
한날한시 한자리에, 그것도 육지에 불러
모아 추첨을 할 수 없는 물리적 한계
때문에, 동물들의 추첨 민주주의를
현실화하기 위해서는 기술적 진보가
뒷받침되어야 한다. 이 부분은
인간동물들에게 맡긴다.

신경망 정치

인공 신경망(artificial neural
network, ANN)은 동물의 중추 신경계를
모방하는 통계적 학습 알고리듬으로
뇌와 컴퓨터의 연결과 상호 간 정보
이동을 가능케 한다. 손 하나 까닥 안
하고 생각만으로 컴퓨터 부팅과 조작은
물론, 나의 지적 경험을 클라우드에
업로드하고 누군가가 그것을
다운로드하는 것도 가능하다. 뉴럴
네트워크 기술이 가치 있게 쓰일 곳이
있다면, 인간동물의 복리 후생 같은
엉뚱한 분야는 아닐 것이다. 이 기술은

동물 정치를 위한 해방의 연장으로서
총동원되는 것이 마땅하다. 신경망 정치
인프라가 보급되면, 동물들은 굳이
인간이 쓰는 언어나 인터페이스를 쓰지
않고도 의사를 더 강력하게 표현하고,
투표는 물론 다양한 방식으로 현실
정치에 참여하여 그들의 목소리를 더
직접적으로 반영할 수 있게 된다. 이를
위해서라면 뉴럴 네트워크는 개발될
가치가 충분하고, 인간들에게는 이
기술의 상용화를 통해 수천 년간 동물을
착취한 역사에 대해 속죄할 하나의
기회가 주어진다.

동맹과 연대

주지하다시피 서로 이해관계를
달리하는 동물들끼리의 동맹이
가능한 것은 인간 중심(예외)주의라는
전무후무한 적의 존재 때문이다. 모든
일시적 동맹처럼, 비인간 행위 주체들의
연대는 본질적으로 느슨하며 무심하고
필요에 따라 이합집산한다. 끊임없이
변하고 운동하는 데 익숙한 대부분의
동물들에게는 이런 해체와 재조직이
별로 대수롭지도 않은 일이지만,
고정적 사고에 젖어 있는 일부 우둔한
동물(인간동물)들에게는 혼란스러울
수 있다. 이들을 가엾이 여겨 동물당은
굳이 의회의 형식을 유지한다. 어쩌면
동물의 의회는 인간이라는 가해자에
대한 동물이라는 피해자의 자비로운
배려라고 할 수 있다. 그러나 아무리

설명해도 '모든 국회가 임시 국회'라는 말을 이해하지 못하는 사람이 아직도 있다면, 그에게서 뭘 바라겠는가?

주적

인간 중심(예외)주의. 현대 인류 독점 체제와 세계동물대전을 가능케 한 모든 기간산업. 특히, 학살 산업(즉 축산업, 수산업, 낙농업, 야생 동물 거래업), 착취 산업(즉 동물 전시 산업, 동물원, 엔터테인먼트), 대단위 고문 시설 단지(다른 말로 병원, 의료, 제약 산업), 파괴 산업(에너지 산업, 건설 토목업, 대규모 농장, 군산복합체, 교통 운수업) 등

부수적인 적

반려동물 관련업이나 가족 단위 소농장, 소수 원주민들과 동물의 관계. 여기엔 당 내부에서도 이견이 존재한다. 사안별로 동물과 인간동물의 특수한 관계가 인정되곤 하기 때문에, 모두를 적으로 돌려서 좋을 게 없다는 데 중지가 모아지고 있다. 물론 결국 도살로 끝나는 농장이나 산업 수준으로 규모가 커진 비즈니스에 대해서는 용서가 없다.

세계동물대전/동물전쟁

인간이 동물 아니 사실상 자연 전체와 벌인 전쟁은 역사상 최악, 최장, 최대의 전쟁이었다. 전쟁은 동물당의 창당과 동시에 극적으로 휴전기를 맞았다. 현재까지 전쟁 사상자와 민간 동물 사상자의 수는 천문학적이라는 표현조차 부족할 정도이다. 이 전쟁의 발발이 인간에 의해서라는 점에는 이론의 여지가 없으나, 정확한 발발 시점에 대해서는 학계 의견이 엇갈린다. 두 가지 유력한 설이 있다. 인류가 농업과 산림 벌채를 시작했던 약 1만 1700년 전, 또는 인구 성장과 산업화가 가속화된 20세기 중반 이후라는 설이다.

분리 독립

동물당 창당 과정에서 가장 지난한 과제였고, 무수한 논의 과정을 거쳐도 여전히 만족스러운 타협점이 안 보이는 숙제이다. 아예 처음부터 '언제든 분리 독립을 하려는 동물군은 있다'고 가정하고 접근하는 편이 속 편하다. 아무리 반인간 전선이 구축되었다 하더라도, 그 동력만으로 너무나 다른 동물들끼리 언제까지나 동맹 관계를 유지하기 힘들 거라는 관측은 처음부터 나왔다. 흥미롭게도 해양 동물들은 단합이 잘되는 편이었고(물이라는 매질에 착 둘러싸여 산다는 특성 때문일까?) 포유동물들로 갈수록 이해관계가 첨예하게 갈라졌다. 영장류들은 그들 사이에서도 분리 독립을 지지하는 목소리가 어찌나 높은지, 바로 근방의 이웃 침팬지

무리끼리도 절대 같은 당에 속할 수 없다고 선을 그어 다른 당원들이 혀를 내두르게 만들었다. 그렇다고 해서 반목과 질시가 인간 사회만큼 심하지는 않다. 동물당에는 '우리가 남이가' 식의 집요함이나 '배신자의 말로'와 같은, 다분히 인간적인 방해 공작이나 혈투는 없다, 아니 거의 없다.

무정상

"같은 동물이라도 다 같은 동물이 아니다", "어떤 동물은 다른 동물보다 더 평등하다…." 조지 오웰의 동물 농장에만 해당되는 말이 아니다. 동물당은 동물 정상성 개념을 해체하고자 한다. 가령 해충과 익충 같은 통속적 개념은 물론, 숙주와 기생 관계도 무한한 역전 관계로 본다. 단, 이 융통성을 악용하여 '생태 정상성 개념 파괴'를 가장해 환경 파괴를 정상화하는 인간 세력을 각별히 경계하지 않으면 안 된다. 더불어 모든 종류의 '~중심주의' 자체를 반대한다. 생태주의의 본래 뜻을 따라가다 보면 중심이 해체되므로, '주의'를 붙이는 것부터가 모순이다.

인도적인 도살

타자의 욕구를 위해 고통 없이 편안하게 맞이하는 죽음이란 어떠한 경우에도 존재하지 않는다. 같은 맥락에서 우리는 인도적 죽음이나 동물 복지 역시 인정하지 않는다.

교차주의

문자화된 역사에서 노예, 여성, 성소수자의 투쟁 철학과 해방 노선의 원칙을 본받되, 그 차이에도 주목한다. 차이에 대한 주목과 이해는 동물당 당원들의 주된 특기이자 자랑거리다.

비폭력 평화주의

기본적으로 비폭력을 지향하지만, 체제 전복의 전략 전술에서 불가피할 때는 허용된다. 동물의 폭력이 인간의 그것과 차별화되는 점은 다음과 같다: 1) 구조적이거나 전면적이지 않다. 2) 집요하지 않다.(그래서 대개 빨리 끝난다.) 3) 합리화나 미화를 동반하지 않는다. 4) 기계화, 자동화되지 않는다. 5) 오락거리가 아니다. 6) 추하지 않다.

확장

우리는 윤리적 고려 대상 영역의 무한한 확장을 지향한다. 여기에는 모든 동물은 물론 버섯류, 균류, 포자까지 포함될 수 있다. 그래서 동물당의 사명 중 하나가 진정한 의미에서 '새로운 우리'를 발명하는 것이기도 하다. 어느 비당원이 "대체 그 확장의 끝은 어디까지인가?"라고 묻는다면, 우리는 "미칠 때까지"라고 중의적으로 답한다. 광기의 끝, 또는 우리 상상의 한계선에 무한대(∞)로 수렴해 한계와 한계 너머의 차이가 흐릿해지는 지평에 닿을 때까지: 즉, 미칠 때까지.

윤리적 고려 대상의 확장을 생물에 국한하지 말고, 사물에까지 적용하자는 견해도 당 내에서 점점 힘을 얻고 있다. 이는 미셸 칼롱과 브루노 라투르의 '행위자 네트워크 이론'에 어줍잖게 영감을 받아 나온 의견이 아니다. 오히려 행위자 네트워크 이론을 만드는 데 영감을 주었던, 진지한 사색가라면 누구나 고민해 보는 윤리와 무한의 주제를 제대로 성찰한 끝에 나온 의견이다.

단, 식물은 제외된다. 다시 말해, 동물당은 식물당의 창당에 원칙적으로 반대한다. 여러 명분을 내세우지만, 동물당 창당을 탄압했던 인간동물당의 행태를 고스란히 되풀이하는 정치 공학적 계산이라는 비판을 면키는 어려워 보인다. 적지 않은 수의 당원들이 이의를 제기하거나 반발했음에도 불구하고, 당 지도부는 요지부동으로 버티고 있다. 2040년에 총투표로 이 공식 입장의 철회 여부를 결정할 것이다.

탈성장

윤리적 테두리는 무한 확장을 지향하는 동물당이지만, 물적 토대는 유한 성장을 지향한다. 현명한 최대치를 정해놓고 시작해 적절한 시점에서 멈출 줄 아는 자의 멋! 이는 전형적인 인간 정당들이 집착하는 성장주의 패러다임에 정면으로 반대되는 접근이다.

누구보다 생물의 생로병사를 이해하고 받아들이는 동물당이 각종 사회 문제를 해결하고, 고통을 경감하고, 편의를 증대하고, 생명을 연장하기 위한 의료·과학 기술의 발달에 동의하는 것은 사실이다. 그러나 생명의 흐름과 원칙, 순환에 위배되기 시작하는 시점에서 멈추지 못하는 것은 병리적이다. 악의적인 사례로, 쥐에게 죽을 때까지 도파민을 섭취하도록 디자인한 임상 실험을 들 수 있다. 그 쥐가 그런 말도 안 되는 인공적 맥락에 놓이지 않았다면 그런 결과는 없었을 것이고, 애초부터 도파민이 무한정 공급된다는 전제 자체가 불가능한 것이다. 자연의 모든 원리는 어떤 물리적 한계에 의해 조건 지워진다. 이것을 익히고 터득한 정신적 균형(혹자는 이를 "깊은 생태학"이라 명하지만, 깊고 얕음까지 논할 것도 없이, 동물들에게 이것은 그저 배가 부르면 사냥을 그만하는 상식적인 감각일 뿐이다)의 언덕 위에서서 볼 때, 성장주의는 그야말로 허무맹랑한 신기루일 뿐이다. 죽을 때 죽지 않아서 문제가 되는 것 중 대표적인 것이 암세포이다. 고로 인간은 암세포를 닮아간다고 할 수 있다. 그러나 동시대 테크놀로지의 비약적 발전이 놀랍고 경이로운 것도 사실이다.

기계 기술

모두가 기계 파괴론자가 될 필요는
없다. 파괴도 괜한 탄소만 배출하니.
단, 기계를 엄선해 사용해야 한다.
이는 에너지 소비를 2000년대 전
수준으로(한국의 경우 IMF 외환 위기
때 산업이 위축돼 전력 소비가 크게
감소한 상태로) 자발적으로 회귀하는
걸 의미한다. 겉보기에는 전원적이고
목가적인데 꼭 필요한 기계 기술만
사회 구성원들의 비판적 안목을 통과해
사용되는 녹색 공동체. 창조적 발명을
장려하지만 대량 생산과 상업화에는
신중하며, 테크노크라트를 경계하는
사회는 가능하다. 군수 산업은 뒤도
돌아보지 말고 폐기한다. 탄소가 아무리
많이 배출되더라도.

무축적

우리는 인간이 일으킨 모든 비극의
근원을 축적 본능에서 찾는다. 특히
자본의 축적이 화근이었다. 동물당은
화폐의 가치를 인간처럼 인정하지
않는다. 굳이 써야 한다면 거기에는
유효 기간이 있어서, 어느 순간에는
소멸해야 한다. 그것이 금이건 화폐건
고정 불변하는 교환 가치를 인정하는
순간 축적의 악순환 기계가 작동하고
파국적 결말은 정해져 있다. 동물들은
여간해서 축적하는 법이 없다. 다람쥐와
개미들이 식량을 숨기거나 쟁여두는
것을 인간의 축적과 비교하려고 하면

안 된다. 게다가 상당수의 다람쥐들은
도토리가 있던 것을 까먹는 바람에
이것은 숲 생태계에 축복으로 돌아온다.
다람쥐가 머리가 나빠서라고 본다면
얕은 해석이다. 다람쥐뿐만 아니라
동물들에게는 기본적으로 초연한
내맡김의 자세가 배어 있다. 생명의
근원인 태양 에너지의 과잉 공급 문제를
'낭비'의 개념으로 풀어내려 했던
조르주 바타유의 시각을 잘 이해한다면
동물당의 축적 지양을 설명하기 유용할
수 있다. 그러나 이를 표피적으로
오해한다면, 자본의 축적 그리고 소비
진작을 통한 시장의 무한 성장이라는
그릇된 신화를 재생산하는 데 이용될
수도 있다.

동물세

동물당은 인류세를 불러온 인간에 의한
기후 변화 요인들을 제거하는 방식으로,
새로운 시대의 도래를 최대한 앞당긴다.
이를 위한 정책을 추진하고 입법 활동을
한다. 인류세는 지질학적·지리역학적
개념을 넘어서, 인류에 의한 식민지
시대를 통칭하는 뜻으로 쓴다. 동물당은
바로 이 시대와 단절하고 완전한 독립과
자치를 성취하기 위해 움직인다.

영웅들

인류사의 적으로 인식된 소위 '악명
높은' 동물들에게 영웅의 지위를
돌려준다: 페스트, 쥐, 박쥐, 범고래,

바이러스! (사례: 틸리쿰) … 그리하여 동물 투쟁사를 복기한다.

의인화

데카르트 이후 동물에게 공감하고 이입하는 사람은 웃음거리가 되었다. 그 전통은 지금까지 이어졌다. 대중적으로 의인화는 하나의 산업을 이룰 만큼 광범위하게 퍼졌지만, 다른 한편에서는 디즈니식 의인화에 대한 조롱 역시 하품 나올 만큼 진부한 비판 논조가 되었다. 그러나 소위 지식인들은 여전히 의인화를 경계한다. 동물에 대한 공감보다 동조 압력(peer pressure)이 더 무서운 비겁한 사람들이라서 그렇다. 역사학자 유발 하라리는 의인화 대신 '포유류화'라는 말을 써서 양쪽의 공격을 영리하게 피해간 경우다. 인간동물에게 있어 다른 동물들에 대해 성찰로서의 의인화는 불가피하며, 불가결함을 인정하는 게 솔직한 태도다. 의인화의 한계를 주지하고 자꾸 넘어서려고 시도하다 보면 그 자체로 진지한 동물-되기 연습이 된다. 동물당은 동물들이 호모 사피엔스를 '의동물화'하는 것을 장려한다.

팬데믹

인간 아니랄까 봐 또다시 유난을 떨고 있다. 코로나19 바이러스로 인해 고작 몇 만 명의 사망자가 발생하자 인간동물들이 있는 호들갑은 다 떨고 있다. 동물들은 어떤 일을 겪었는지 사례 하나만 들어줄까? 1993년 호주에서 처음 공식 확진자가 나온 항아리곰팡이(chytrid fungus) 팬데믹은, 사실 훨씬 이전부터 1965년에서 2015년까지 총 501종의 양서류 개체 수 감소에 책임이 있음이 밝혀졌다. 그리고 그중 90퍼센트가 멸종했다. 인간들의 소위 "팬데믹"에 코웃음만 나오는 대목이다. 물론, 팬데믹의 원인이 대부분 인간이라는 걸 상기하면 웃다가도 분노가 치민다. 2018년 5월 11일 자 『사이언스』지에 따르면, 항아리곰팡이의 발원지가 한국이라는 연구 결과가 발표되었다. 이 균이 세계적으로 퍼지기 시작한 시기는 50~120년 전쯤으로 추정되는데, 연구·애완·식용 목적으로 국제 거래가 활발해진 시기와 일치한다. 그중에서도 한국의 무당개구리가 애완용으로 각광받으며 거래되다가, 내성을 갖추지 못한 다른 토착 양서류에 이 균을 옮기면서 병원성이 강해졌다는 것이다.

사스, 돼지열병, 메르스, 코로나19 등의 팬데믹이 동물-인간의 접촉에 의해 발생했음은 상식이 되었다. 그러나 이는 인간의 일방적, 아니 애매한 해석이다. '접촉' 따위의 비겁한 완곡어법을 집어치우고 분명히 하자. 인간이 우리 영토를 침범한 것이다. 인간이 남미로 쥐와 바이러스를 강제 이주시켰고, 인간이 공장식 사육이라는 끔찍한

210

환경 속에 면역력이 취약하고 병균이
우글거리는 페트리 디쉬를 만들었고,
인간이 밀림에 사는 원숭이와 천산갑을
생포해 토막 살해해 죽인 후 시장에서
사고팔고 처먹었으며, 인간이 생활
터전을 징글징글하게 확장하다가 박쥐가
사는 동굴 근처까지 이르렀다. 인간은
심지어 역겨운 수간(獸姦)까지 일삼았다.
차마 입에 담기도 힘들 만큼 잔혹하고
지저분한 역사를 감안한다면 '인수 공통
전염병'이라는 말은 거의 시적으로 들릴
만큼 완곡하고 점잖은 '왜곡어법'이다.

죽음

동물들은 죽음에 초연하다. 애도할
줄 모르는 것은 아니나, 죽음을
되돌리려 애쓰지 않는다. 모든 죽은
존재들을 부활시키고자 했던 러시아
우주론자들도 이상하리만치 동물에
관해서는 말을 아꼈다. 그들이 상상한
세계는 냉정하리만치 과학적이면서도
아름다웠다. 다만, 너무 먼 곳의
사자들만 바라보고 있었기 때문에 등잔
밑은 확실히 어두웠고, 당장 자신들의
발밑에서 신음하거나 위(胃) 속에서
썩어가는 동물 사체들에 대해서는
눈곱만큼의 상상력도 발휘하지 않았다.

자본 회수(Divestment)

동물당의 기후 위기 대응 전략 중
하나이다. 기후 위기를 불러온 화석
연료의 채굴, 사용, 거래 및 관련 산업에
투자하는 모든 행위는 금지한다. 환경
문제를 차치하고서라도, 우리 조상들의
유골을 사유화하고 파괴하는 것은 그
자체로 불경한 모욕이다. 지금까지
화석 연료 산업에 투자된 모든 자본은
회수되고 이는 산림을 조성하는 데
쓰인다.

포괄적 비거니즘

비거니즘은 식이 요법이 아니라 윤리다.
혁명이 아니라 회귀다. 우리 동물들은
그런 개념을 필요로 하지 않는다.
우리 중에는 비건도 있고 비(非)비건
동물도 있지만, 모두가 인간 육식주의의
피해자이므로, 그들의 밥상에 전쟁을
선포할 법도 하다. 비거니즘은 다분히
인간의 것이다. 인간동물이 우리의
희생을 최소화할 수 있는 강력한 실천
철학이다. 인간동물 사회에 만연한
육식주의 사회 구조와 고정 관념,
내적 갈등(합리화)을 극복해 인간
스스로 변화해 가는 여정이다. 동시에
비거니즘의 '이즘'(ism)은 '지향'의
개념이다. 따라서 완성형 비건의
전유물이 아니며, 실제로 지구에서
생명을 영위하는 한 완벽한 비건이란
불가능하다고 보아도 무방하다. 즉,
비건은 정체성이라기보다 형용사에
가깝다. 더 비건적일수록 동물들은 그
인간동물을 덜 경계할 것이다. 비건을
지향하는 인간동물로서 "제가 비건은
아니지만…"이라는 말을 해본 적이

있다면, 이미 '포괄적 비거니즘'의
표현으로 본다.

생계형 사냥
의심스러운 개념이다.(부수적인
적 참조) 현대 원주민들은
'원주민'으로서의 지위는 누리면서 현대
문명의 이기도 쓸 건 다 쓴다. GPS와
스마트폰 와츠앱 문자를 주고받으며
총을 사용하는 아마존 부족의 패커리
사냥, 디젤유를 사용하는 현대식
선박을 끌고 가 고래에게 작살을 꽂는
이누이트족을 보는 동물의 입장에선
정도의 차 말고는 아무런 차이가 없다.
과학 문명의 이기들을 다 써가면서
'자연과 조화를 이루는 지혜로운
원주민' 행세를 하는 것이 더 미울
때마저 있다. 진짜 선주민, 아니 말
그대로 원주민은 누구인가? 동물들이다.
그러나 자비로운 동물들은 다시 한번
양보를 한다. 현대인들의 폐해가 워낙
크므로 그 정도 차이라도 인정해
주려 한다. 선별적으로, 한시적으로
허용한다, 단 게임의 법칙을 지키는 한.

해체
동물당은 필연적으로 해체를 향해
뚜벅뚜벅 걸어간다.

엮은이

이동시

이동시(이야기와 동물과 시)는 기후, 동물, 생태계 이슈를 다루는 창작 집단이다.
지구 가열이 임계점에 이르기 전, 즉 아직 '기후 행동'이 유의미한 2030년까지
대중의 시선을 바꾸고 행동을 유발할 수 있는 프로젝트를 완수하는 것을 목표로
한다. 지난 프로젝트로 동물축제 반대축제(2018), 쓰레기와 동물과 시(2019),
동물당 매니페스토(2020), 절멸(2020), 저항통신(2021), 환상학교(2022) 등이 있고,
2023년에는 '비극 경연'을 선보인다.

213

글쓴이

정혜윤

CBS 라디오 피디, 이야기 전달자 겸 이야기 채집가, 창작 집단 이동시의 멤버. 이야기 동물 시 이렇게 셋이 합쳐지는 곳에서 희망이 태어나길 바란다. 약간이라도 희망이 있는 곳을 찾으면 거기가 천국인 것으로 알고 최선을 다하고 싶다.『아무튼, 메모』, 『앞으로 올 사랑』을 최근에 썼다.

김한민

서울 출생.『유리피데스에게』,『혜성을 닮은 방』,『공간의 요정』,『카페 림보』, 『비수기의 전문가들』,『아무튼, 비건』, 『착한 척은 지겨워』등의 책을 쓰고 그렸다.『페소아와 페소아들』,『시는 내가 홀로 있는 방식』,『내가 얼마나 많은 영혼을 가졌는지』등 포르투갈 작가 페르난두 페소아의 작품을 번역하는 한편『페소아: 리스본에서 만난 복수의 화신』을 썼다. 현재 해양환경단체 '시셰퍼드'와 창작 집단 이동시의 일원으로 환경 운동과 작품 활동을 병행하고 있다.

김산하

연구자, 작가, 활동가, 강연가.

인도네시아 구눙할라문 국립공원에서 자바 긴팔원숭이를 연구한 국내 최초의 야생 영장류학자. 과학 대중화에 관심을 갖고 영국 크랜필드 대학교 디자인센터에서 박사후 연구원을 지냈다. 현재 생명다양성재단의 사무국장, 제인 구달 박사의 풀뿌리 환경 운동인 '뿌리와 새싹' 한국 지부장을 맡고 있다. 동물 행동학 시리즈『STOP!』,『제돌이의 마지막 공연』을 출간하고 '동물축제 반대축제', '쓰레기와 동물과 시', '절멸: 동물들의 시국 선언' 등의 캠페인을 진행했다. 대표 저서로는『비숲』,『김산하의 야생학교』,『습지주의자』,『살아있다는 건』, 역서로는『무지개를 풀며』, 『사회생물학의 승리』,『활생』등이 있다.

이슬아

1992년에 태어나 살아가고 있다. 『일간 이슬아』를 발행하고 헤엄 출판사를 운영한다. 일주일에 한 번씩 십대들에게 글쓰기를 가르친다.『일간 이슬아 수필집』,『깨끗한 존경』,『심신 단련』,『부지런한 사랑』을 썼다. 비건 지향인이다. 창작 집단 이동시와 느슨하게 함께한다.

정세랑

2010년부터 소설을 썼다. 『지구에서 한아뿐』, 『보건교사 안은영』, 『피프티 피플』, 『시선으로부터,』 등 일곱 권의 장편소설과 소설집 『옥상에서 만나요』, 『목소리를 드릴게요』가 있다.

김탁환

소설가

홍은전

노들장애인야학에서 활동했고 그곳에서 만난 사람들의 이야기 『노란들판의 꿈』을 썼다. 문제 그 자체보다는 문제를 겪는 사람에게 관심이 있고 차별받는 사람이 저항하는 사람이 되는 이야기를 좋아한다. 인권의 현장에서 싸우는 사람들의 이야기를 기록한다. 화상 사고 경험자들의 구술 기록 『나를 보라, 있는 그대로』, 세월호 가족 구술 기록 『그날이 우리의 창을 두드렸다』, 선감학원 피해 생존자 구술 기록 『아무도 나에게 꿈을 묻지 않는다』 등을 함께 썼고 5년간 신문에 기고했던 글을 모아 산문집 『그냥, 사람』을 냈다. 2019년 고양이 카라, 홍시와 함께 살며 동물권의 세계에 눈떴다. '모든 인간은 평등하다'고 외치는 인간들과 '모든 동물은 평등하다'고 외치는 동물들 사이를 오가며 멀미 나게 살고 있다.

유계영

시를 쓴다. 시집 『온갖 것들의 낮』, 『이제는 순수를 말할 수 있을 것 같다』, 『이런 얘기는 좀 어지러운가』와 공저 시집 『나 개 있음에 감사하오』가 있다. 반려견 호두와 만난 이후로 동물에게도 마음이 있다는 사실을 알게 되었고, 세상을 보는 눈이 완전히 뒤집혔다.

요조

노래를 부르고 글을 쓴다. 제주도 성산읍 수산리에서 책방무사를 운영한다. 『My name is Yozoh』, 『나의 쓸모』, 『나는 아직도 당신이 궁금하여 자다가도 일어납니다』 등의 앨범을 냈고, 『오늘도, 무사』, 『눈이 아닌 것으로도 읽은 기분』, 『아무튼, 떡볶이』, 『여자로 살아가는 우리들에게』, 『실패를 사랑하는 직업』 등의 책을 썼다.

이라영

예술사회학 연구자. 예술과 정치, 그리고 먹을 것을 고민한다. 미술과 예술 경영을 공부한 후 문화 기획과 문화 교육 분야에서 일했으며 프랑스에서 예술사회학을 공부했다. 매일 아침 산책으로 하루를 시작하며 규칙적으로 생활하는 걸 중요하게 생각한다. 손으로 무언가를 만드는 일을 좋아한다. 현재 여러 매체에 기고하며 예술과 정치에 대한 글쓰기를

이어가고 있으며, 저서로는『여자 사람,
사람』,『환대받을 권리, 환대할 용기』,
『진짜 페미니스트는 없다』,『타락한
저항』,『정치적인 식탁』,『폭력의
진부함』,『여자를 위해 대신 생각해줄
필요는 없다』등이 있다.『비거닝』에
공저자로, 연극「식사」에 공동 창작자로
참여했다. 장르에 구애받지 않는 창작자
되기를 꿈꾼다.

정다연
시집『내가 내 심장을 느끼게 될지도
모르니까』를 펴냈고, 독립 출판
『아롱이』를 준비하고 있다. 계절마다
우편을 보내드리기도 한다. 반려견
밤이와 함께 즐겁고 건강한 생활을 하고
있다.

단지앙(장지은)
서울에서 태어났고 경기도에서
자랐다. 대학교에서 체육을 전공하고
트레이너로 일하며 평탄한 삶을
살았지만, 이분법인인 사회에서
꾸역꾸역 버티다 결국 30대에 늦은
방황을 시작했다. 우연히 비거니즘에
대해 알게 되면서 자신의 정체성을
확립하고 신념이란 걸 가지며 나와
모두에게 이로운 삶으로 방향을 잡으며
살아가고 있다. 비건을 지향하며
비거니즘 생활을 실천한 지 4년이
지났다. 비건 지향 크리에이터, 비건
페이스트리 스쿨 운영진으로 활동.

최용석
판소리와 이야기를 좋아한다.
2002년부터 판소리 창작 및 공연
단체 '판소리공장 바닥소리'를 만들어
활동해 왔다. 현재 소설가 김탁환과
협업해 창작 집단 '싸목싸목'을 결성,
'당산동커피'에서 바리스타를 하며
따로 또 같이 판소리를 바탕으로 창작과
공연 활동을 이어가고 있다. 대표작으로
「방탄 철가방」,「제비씨의 크리스마스」,
「해녀탐정 홍설록」,「닭들의 꿈」,「솔의
노래」,「쥐왕의 몰락기」,「순실가」등이
있다. 가능하다면 10년 뒤에도 여전히
사람답게 성장하며 소리하고 작품을
만들면서 살기를, 또 내가 세상에 내는
'소리'가 모두 함께 살아갈 세상을 조금
더 따뜻하게 만들어가는 데 도움이
되기를 바란다.

초식마녀(박지혜)
유튜브하며 만화 그리는 비건 작가.
저서로『오늘은 조금 더 비건』이 있다.

양다솔
비건이 된 후로 '나 왜 살지' 하는
질문이 줄었다고 한다. 수필집『간지럼
태우기』를 발행했다.

강하라, 심채윤
하라는 러시아 문학을 공부했고 채윤은
영상 미디어를 공부했다. 서울에서 두
아이, 두 반려견과 살며 지속 가능한

삶에 대한 글을 쓴다. 『요리를 멈추다』,
『따뜻한 식사』를 함께 썼고 『비거닝』에
공동 저자로 참여했다.

현희진
창작 집단 이동시에서 시를 쓴다.

이내
동네 가수다. 어디서나 막 도착한
사람의 얼굴로 두리번거리며 걷는다.
걸으며 발견한 것들을 일기나 편지에
담아 노래를 짓고 부른다. 가수나
작가보다는 생활가나 애호가를 꿈꾼다.
발매한 앨범으로 『지금, 여기의 바람』,
『두근두근 길 위의 노래』, 『되고 싶은
노래』, EP 『감나무의 노래』 등이 있고,
지은 책으로 산문집 『모든 시도는
따뜻할 수밖에』가 있다. 그레타
툰베리를 통해 기후 위기를 알게 된 후
비건을 지향하게 되었고, 공장식 축산을
반대하는 목소리나 숲의 아름다움을
노래에 담아 부르기 시작했다.

김하나
읽고 쓰고 듣고 말하는 사람. 여자
둘이서 고양이 셋과 함께 산다. 동물권
관련 에세이 『다름 아닌 사랑과
자유』에 참여했고 『말하기를 말하기』,
『여자 둘이 살고 있습니다』(공저), 『힘
빼기의 기술』을 썼다. 예스24 팟캐스트
'책읽아웃'을 진행한다. 차의 운전석
옆에 코알라 인형이 놓여 있다.

이수현
작가, 번역가. 인류학을 전공했고 주로
환상 문학과 SF를 번역한다. 인간이 다른
존재를 대하는 방식에 관심이 많다.

남형도
스물여덟 살에 기자가 됐다.
세상은 쉽게 안 바뀐단 걸 알았다.
때려치우겠단 말을 입버릇처럼 하다,
글의 선한 힘에 중독돼 그럴 수 없게
됐다. 그게 벌써 9년째, 2018년 여름부터
'남기자의 체헐리즘'을 연재 중이다.
사람을 좋아하기도 하고 두려워하기도
한다. 뭣보다 금요일 저녁, 아내와 즉석
떡볶이에 소주 한잔 마시며 회포를
풀고, 주말엔 반려견 뽈이와 뜀박질을
하며 노는 게 행복이라고 생각한다.
평범하면서도 시선에서 벗어난 것들을
찾으려 애쓴다. 반려견 아롱이를 보낸
뒤 '나중에'란 말보다 '지금'이란 말이
더 좋아졌다. 사랑하는 사람들과 시간을
더 많이 보내고 부지런히 표현하는
것. 그리 살다 "행복했다" 말하고 숨을
거두는 게 꿈이다.

서민
서울대학교 의학과를 졸업하고, 1998년
같은 대학에서 기생충학 박사학위를
취득했다. 이후 1999년부터 현재까지
단국대학교 의과대학 교수로 재직
중이다. 기생충의 세계와 사회 현상을
빗대어 글을 쓰는 칼럼니스트이며,

강연을 통해 의학을 좀 더 재밌고
유쾌하게 알려주는 일에 매진하고
있다. 세간에는 기생충학자로 기생충을
사랑한다고 알려져 있지만, 사실은
대한민국 1퍼센트 안에 드는 개빠로,
셰퍼드에게 머리를 물린 이후에도
개빠로서의 정체성이 흔들리지 않았다.
개를 좋아한다는 장점 하나로 역시
개빠인 아내와 결혼에 성공했고,
현재 여섯 마리의 페키니즈를 모시며
살아가는 중이다.

. . . .
김도희
'동물의 권리를 옹호하는 변호사들'과
'동물해방물결'에서 활동하고 있다. 동물,
정신장애인, 홈리스의 정치에 관심이
많다. 창작 집단 이동시를 드나들며
고양이 선생님들을 모시고 있다.

. . . .
김보영
주로 SF를 쓴다. 2004년 「촉각의
경험」으로 제1회 과학기술 창작문예
중편 부문에서 수상하며 작가 활동을
시작했다. 작품 및 작품집으로 『멀리
가는 이야기』, 『진화신화』, 『스텔라
오디세이 트릴로지』, 『저 이승의
선지자』, 『7인의 집행관』, 『천국보다
성스러운』, 『역병의 바다』, 『얼마나
닮았는가』 등이 있다.

. . . .
김남시
김한민 작가를 통해 동물과 육식에

대한 낯선 감수성을 접했다. 고슴도치
한 마리를 키워 본 경험으로 동물들의
시국 선언에 참가했다. 대학에서 미술과
문화 이론을 강의하며 관심 있는 책을
번역한다.

. . . .
이지연
어느 동물원에서 홀로 불행한
호랑이를 만난 후 모든 것이 시작됐다.
영국으로 건너가 동물 보전을 공부하며
행복했지만, 결국 뛰어든 것은 동물
권리와 해방 운동이다. 다른 동물을
지각 있는 존재로 바라보지 않고
착취, 학대, 살상하는 인간의 태도가
가장 잘못됐다는 생각에서다. 2017년
겨울, 한국 최초로 모든 동물의
해방과 종 차별 철폐를 외치는 단체
'동물해방물결'을 윤나리와 함께
설립했고, 현재 대표로 활동 중이다. 잘
보이는 곳에서 소리 높이기도 하지만,
고통 받는 동물들이 신음하는, 잘
보이지 않는 곳까지도 찾아간다. 그들이
처한 현실을 드러내는 것만이 주어진
최대 사명이라 생각하며 살고 있다.

. . . .
오은
1982년 전북 정읍에서 태어났다.
2002년 봄 『현대시』를 통해 등단했다.
서울대학교 사회학과를 졸업하고
카이스트 문화기술대학원에서 석사
학위를 받았다. 시집 『호텔 타셀의
돼지들』, 『우리는 분위기를 사랑해』,

『유에서 유』,『왼손은 마음이 아파』,
『나는 이름이 있었다』, 청소년 시집
『마음의 일』, 산문집『너랑 나랑 노랑』,
『다독임』을 썼다. 박인환문학상,
구상시문학상, 현대시작품상,
대산문학상을 수상했다. 말하면서
후회하고 쓰면서 재회한다.

유경근
세월호 참사로 딸 예은이를 먼저
떠나 보낸 아빠. 예은이 동생 성은이
때문에 '동물권'이란 말을 알게 되었다.
'동물권'과 '인권'은 같은 말이었다.
피해 당사자가 되고 나니 보였다.
'동물과 희망의 벗'이라 불러 주는
이가 있지만 아직은 희망 사항일
뿐. 4.16세월호참사 가족협의회
집행위원장으로 살아내고 있다.

서효인
저서로 시집『소년 파르티잔 행동
지침』,『백 년 동안의 세계대전』,
『여수』, 산문집『이게 다 야구
때문이다』,『잘 왔어 우리 딸』,『읽을
것들은 이토록 쌓여가고』(공저),
『아무튼 인기가요』가 있다. 시를 짓고
글을 쓰며 책을 꿰는 삶을 통과하고
있다.

유희경
시인. 극작가. 1980년 서울에서
태어났다. 서울예술대학과

한국예술종합학교를 졸업했다. 2008년
조선일보 신춘문예를 통해 데뷔했으며
시집『오늘 아침 단어』,『당신의 자리:
나무로 자라는 방법』,『우리에게 잠시
신이었던』, 산문집『반짝이는 밤의
낱말들』을 펴냈다. 2021년 현재 시집서점
'위트 앤 시니컬'을 운영하고 있다.

김경환
중심에서 주변으로 밀려난 소외된
것들에 대해서 시를 쓴다. 시가 자주
울어 세계를 흔들기를 바라고 있다.

김연수
걷는 걸 좋아하고, 길에서 만나는
동물들을 좋아한다. 주로 소설을 쓰고
있다. 최근에『일곱 해의 마지막』을 썼다.

김숨
소설을 쓰고, 개를 사랑한다.

손아람
작가. 개가 갈 수 없는 곳에는 가지
않는다.

이동시 총서 1

절멸

이동시 엮음

정혜윤, 김한민, 김산하, 이슬아, 정세랑, 김탁환, 홍은전, 유계영, 요조, 이라영,
정다연, 단지앙, 최용석, 초식마녀, 양다솔, 강하라, 심채윤, 현희진, 이내, 김하나,
이수현, 남형도, 서민, 김도희, 김보영, 김남시, 이지연, 오은, 유경근, 서효인,
유희경, 김경환, 김연수, 김숨, 손아람 지음

초판 1쇄 발행 2021년 7월 15일
2쇄 발행 2023년 9월 8일

발행. 워크룸 프레스
편집. 박활성
디자인. 임하영
그림. 김한민
사진. kakzin
제작. 세걸음

워크룸 프레스
03035 서울시 종로구 자하문로19길 25, 3층
전화. 02-6013-3246
팩스. 02-725-3248
이메일. wpress@wkrm.kr
workroompress.kr

ISBN 979-11-89356-57-6 04080
979-11-89356-56-9 (세트)
값 17,000원

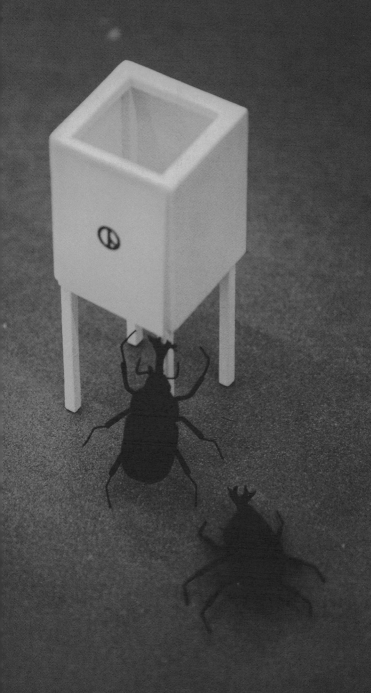

이동시, 「동물들은 어떻게 투표하는가」 세부, 일민미술관, 2020, 혼합 매체, 가변 크기.

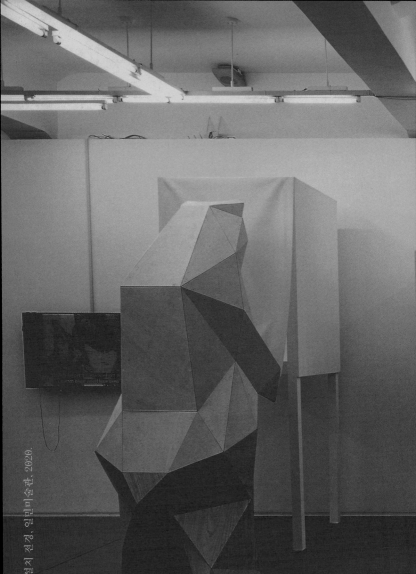

설치 전경, 일민미술관, 2020.

'쓰레기와 동물과 시위의 일화으로 진행된 피케팅 시위와 게릴라 서울 2019'